KB011280

한 권이면 충분한
국제중 자율중 입학 가이드

한 권이면 충분한

국제중
자율중
입학 가이드

초판 1쇄 인쇄 | 2023년 6월 28일
초판 1쇄 발행 | 2023년 7월 5일

지은이 | 윤이나
펴낸이 | 박영욱
펴낸곳 | 깊은나무

주　소 | 서울시 마포구 월드컵로 14길 62 북오션빌딩
이메일 | bookocean@naver.com
네이버포스트 | post.naver.com/bookocean
페이스북 | facebook.com/bookocean.book
인스타그램 | instagram.com/bookocean777
유튜브 | 쏠쏠TV · 쏠쏠라이프TV
전　화 | 편집문의: 02-325-9172　영업문의: 02-322-6709
팩　스 | 02-3143-3964

출판신고번호 | 제2013-000006호

ISBN 979-11-91979-36-7 (43370)

*이 책은 깊은나무가 저작권자와의 계약에 따라 발행한 것이므로 내용의 일부 또는 전부를 이용하려면 반드시 깊은나무의 서면 동의를 받아야 합니다.
*책값은 뒤표지에 있습니다.
*잘못 만들어진 책은 구입하신 서점에서 교환해 드립니다.

한 권이면 충분한

국제중 자율중 입학 가이드

청심국제중학교
화산중학교
서울삼육중학교
영선중학교
용정중학교
이우중학교
영훈국제중학교
대원국제중학교
부산국제중학교
선인국제중학교

윤이나 지음

깊은나무

prologue

중·고·대입 입시전형에서 면접전형의 영향력이 점점 높아지고 있습니다. 대입의 경우 자기소개서가 2024년부터 폐지되면서 면접의 비중이 더욱 높아지게 되었고, 중·고입은 자기소개서와 면접으로 학생을 평가합니다.

이렇게 해를 거듭할수록 지필평가가 아닌 자기소개서와 면접이 중요해진 이유는 거시적 관점에서 본다면 학생의 지식을 타인과 사회 더 나아가 세상과 나누고 소통할 수 있는 인재를 원하기 때문입니다. 그리고 입시의 관점에서 본다면 단순히 지원자의 지식만을 측정하는 것이 아니라 문제를 바라보는 관점과 그것을 풀어가는 논리적인 과정을 볼 수 있기 때문입니다.

최근 국제중학교와 자율중학교를 준비하는 우수한 예비 중학생들을 현장에서 자주 만나고 있습니다. 이 학생들은 본인이 흥미롭고 하고 싶은 것에 대해 알고, 그 꿈을 이루기 위해 특수중학교에서 수학하겠다는 열정이 있었습니다. 그리고 부모님이 자녀의 능력과 잠재력, 성향을 파악하여 학생에게 맞는 교육환경으로 이끌어 주고 계셨습니다.

중학교 입학시험은 내 자녀 입시 준비의 첫 시작입니다. 국제중학교와 자율중학교의 학교생활을 담은 책은 있지만 입시 정보와 준비를 위한 입시 실용서는 아직 없기에 많은 학부모님과 학생들은 정보와 준비 방향에 대한 필요성을 절실히 느낄 것입니다.

이 책은 정보가 넘쳐나는 인터넷과 다양한 SNS 속에서 신뢰할 만한 입시 정보를 제공하고, 그동안 현장에서 만난 학생들의 사례와 입시 노하우를 담았습니다.

똑똑한 내 아이를 더욱 훌륭하게 가르치고, 좋은 길로 이끌고 싶은 전국의 학부모님께 작게나마 도움이 되었으면 하는 바람입니다.

내 자녀의 첫 입시, 이정표와 같은 책이 되길 바라며

윤이나

contents

Part 1

학교 소개

1. 청심국제중학교
2. 화산중학교
3. 서울삼육중학교
4. 영선중학교
5. 용정중학교
6. 이우중학교
7. 영훈국제중학교
8. 대원국제중학교
9. 부산국제중학교
10. 선인국제중학교

2023학년도 대학수학능력시험(수능) 만점자 세 명이 모두 자사고 재학·졸업생인 것으로 알려지면서 자사고·특목고에 대한 관심이 높아지고 있다. 지난 정부에서 경쟁률이 하락하던 자사고와 외고 경쟁률이 반등하는 가운데 국제중의 인기도 오르고 있다.

국제중 졸업생의 자사고·특목고 진학 비율은 특히 높다. 올해 청심국제중은 76.2%가 자사고·특목고에 진학했고, 영훈국제중(54.1%), 대원국제중(65.2%), 부산국제중(66.6%)도 절반 이상의 졸업생이 자사고·특목고에 갔다. 올해 국제중 지원자 수는 지난해 5,643명에서 6,735명으로 약 20% 증가했다.

교육계에선 당분간 국제중 및 자사고·특목고의 인기가 지속될 것으로 내다봤다. "문·이과 통합 수능으로 인한 대입 불확실성과 정시 확대 기조가 커질수록 '일단 우수한 학생들이 모여 있는 좋은 학교로 보내놔야겠다'는 분위기가 빠르게 형성된다"며 "내년에도 상위권 학생들이 쏠리는 학교들의 입학 경쟁률은 더 높아질 것"이라고 했다.

(이하 생략)

－《중앙일보》 2022. 12. 22.

위에 제시한 기사 내용과 같이 입시 동향이 변화하고 있다. 자사고/특목고 입시에서 국제중/자율중으로 진학 선택지가 내려오면서 학생들의 진로와 방향성을 보다 구체화해야 하는 당위성이 제기된다. 이러한 교육 트렌드에 발맞춰 최근 많은 학생과 학부모님들의 국제중학교와 자율중학교에 대한 관심이 더 높아졌다.

'문과와 이과?' '나의 꿈?' 물론 아직 명확하지 않을 수 있다. 초등학교 6학년에게 이와 같이 분명한 답을 요구하는 것은 무리일 것이다. 중학교 때부터 이미 스스로 트랙을 정해놓고 가야 하는지에 대해서도 의구심이 들 수 있다.

중학교 입시가 고입과 다른 점은 국제중과 자율중의 진학이 소통형의 열린 수업과 다양한 활동 및 경험을 통해 학문적 호기심을 갖고 스스로 학습을 하는 동기부여와 환경을 제공한다는 것이다. 그래서 자신의 꿈을 찾고 구체화할 수 있는 그림을 그려 나갈 수 있기 때문이다.

자신의 미래를 그려보고 한 걸음 다가가 본 학생은 그 꿈이 변한다고 해도 다시 그 꿈을 찾아나가는 방법을 알 수 있다.

지금부터 국제중과 자율중에 대해 자세히 알아보고 입시의 전 과정에 대한 준비를 차근차근 함께 해보기로 하자.

국제중/자율중의 특징

일반중과 국제중/자율중의 차이는 교육과정과 학교 운영 방식이다. 일반중은 국내 학생들만을 대상으로 교육과정을 운영하며, 일반적인 교육 방식을 따르고 있다. 국제중과 자율중은 각각 국제교육과 자율적인 교육 방식을 특징으로 하고 있으며, 이를 통해 학생들의 교육적 이점을 극대화하고 있다.

국제중학교는 글로벌 시대에 국제적 전문성을 갖춘 인재 양성을 목표로 하는 특성화 중학교이다. 국제 교육의 특성상 다국적 문화에 대한 이해와 인식을 넓히는 것이 목적이다.

• 국제적 교육: 국제중학교는 학생들에게 국제적인 시각과 문화적 경험

을 제공하는 교육을 하고 있다. 일반 중학교와는 달리, 해외여행이나 국제교류 프로그램 등 다양한 기회를 제공하여 학생들의 국제적 역량을 강화한다.

- 다양한 언어교육: 국제중학교에서는 영어뿐만 아니라 다양한 언어를 교육한다. 일반 중학교와는 달리, 두 언어 이상을 학습할 기회를 제공한다.
- 창의적인 교육: 국제중학교에서는 학생들의 창의성을 존중하고 이를 증진할 수 있는 교육을 제공한다. 학생들은 실험, 조사, 논쟁 등 다양한 활동을 통해 창의적 문제 해결 능력을 기르게 된다.

자율중학교는 학생들이 자기 주도적으로 학습하며, 자신의 능력을 최대한 발휘할 수 있는 인재로 성장하는 것을 목적으로 한다.

일반 중학교는 교사 중심의 교육으로, 학생들은 지정된 교과과정에 따라 수업을 진행한다. 또한 교사가 학습 계획을 세우고, 학생들은 그것을 따라가게 된다.

그러나 자율중학교는 일반 중학교와는 다른 교육 방식을 적용한다. 교사 중심 교육이 아닌 학생 중심의 교육을 추구한다. 이를 위해 교사는 학생들의 성취도와 발전을 위해 지도하며, 학생들은 자율적으로 학습 계획을 세우고, 스스로 공부를 진행한다. 자율중학교에서는 학생들이 직접 관심 있는 분야를 선택하고, 그 분야에 대해 직접 탐구하며, 창의적인 작품을 만들도록 유도한다.

1

청심국제중학교

학교 주소: 경기도 가평군 설악면 미사리로 324-213

1. 학교 소개

"한국 인재를 글로벌 인재로 양성하는 청심국제중·고등학교"

청심국제중학교는 2006년 학교법인 청심 학원에 의해 설립된 국제중학교로 경기도 가평에 위치하고 있으며, 전교생이 기숙사 생활을 하고 있다.

애천, 애인, 애국의 건학 이념을 바탕으로 설립되었으며, 자주적 생활 능력 함양, 민주 시민적 자질 함양, 인간다운 삶 영위, 민주국가 발전에 공헌, 인류 공영의 이상 실현을 달성하고자 하는 교육 목적과 목표를 가지고 있다.

“이타적 품성과 창의적 지식을 갖춘 글로벌 리더의 양성”

청심국제중학교의 설립 이념과 인재상은 국제중학교답게 글로벌 리더의 양성에 있다. 그렇기 때문에 원어민 교사가 미국 사립학교 교과서를 채택하여 수업을 진행하며 이 외에도 국제학술교류, 해외학교와 자매결연 등 재학생들의 글로벌한 마인드를 기르는 교육에 중점을 두고 있다.

청심국제중학교 일과

시간	일과 내용
6:30	기상
6:40~7:00	Good Morning CheongShim
7:00~7:30	아침 등교, 아침 식사
8:00~11:50	조례, 창의적 체험 활동, 1~4교시
12:00~12:50	점심 식사
13:00~15:50	5~7교시
16:00~16:50	8교시/공강
16:50~17:00	종례, 정리
17:00~18:00	저녁 식사, 동아리 활동
18:10~21:00	자기주도학습, 방과 후 학교
21:00~21:20	야간 간식
21:30~21:50	Good Night CheongShim
21:50~23:30	휴식, 자율학습 선택
22:30~24:00	취침 준비
24:00	소등

청심국제중학교 제공

2. 모집 정원

남녀 4학급, 100명(전국 단위 모집)

모집 단위		모집 인원	비고
정원 내	일반전형	80명	남·여 성별 중 어느 한 성별이 60%를 초과할 수 없음
	사회통합전형	20명	
정원 외	국가유공자전형	(3명)	정원의 3% 이내
	특례입학 대상자	(2명)	정원의 2% 이내
계(정원 외)		100(5명)	

3. 지원 자격 및 모집 인원

1) 공통 사항

- 초등학교 졸업자 또는 초등학교 졸업 예정자
- 초등학교 졸업 학력 검정고시 합격자 등 초등학교 졸업자와 동등한 학력이 있다고 인정된 자(「초·중등교육법 시행령」 제96조)

※ 외국 소재 학교 출신 지원자의 경우 2022년 9월 1일 기준 외국 초등학교 졸업자이거나 또는 국내외 초등학교 수학 연한이 6년 이상인 자

2) 전형별 지원 자격 및 모집 인원

전형 구분 및 모집 인원	지원 자격
일반전형(80)	품행이 올바르고 학업 성취도가 우수하여 타의 모범이 되는 자
사회통합전형(20)	사회통합전형 범위에 속하는 자 중 타의 모범이 되는 학생으로서 학교장의 추천을 받은 자

정원 외	국가유공자 자녀(3)	국가유공자 자녀 중 해당 보훈(지)청으로부터 '교육 지원 대상자'로 확인을 받은 자로서 학교장의 추천을 받은 자
	특례입학 대상자(2)	경기도교육청 특례입학 업무 처리 요령에 따른 대상자(외국에서 부모와 함께 2년 이상 거주한 자로서 외국의 학교에서 2년 이상 수학한 자 등)로서 학교장의 추천을 받은 자

※ 일반전형, 사회통합전형, 특례입학 대상자 전형 중 하나의 전형에만 지원 가능
※ 국가유공자 자녀는 사회통합전형으로 지원
※ 특례입학 대상자의 재학 기간 산정은 초등학교 4~6학년만 인정

4. 전형 방법

1) 1단계 전형(전산 추첨)

- 지원자 전원을 대상으로 추첨 선발
- 전산 추첨 방식으로 선발(추첨 장소는 추후 공지)
- 각 전형별 모집 인원의 2배수 선발(사회통합전형 대상자는 각 영역별 지원자 중 선발 인원수의 2배수 선발)

2) 2단계 전형(면접)

자기주도학습 영역	인성 영역	총합
25	15	40

면접은 학교생활기록부 Ⅱ, 자기소개서 등을 바탕으로 진행되며, 자기소개서 주요 항목(1,500자 이내 띄어쓰기 포함)은 다음과 같다.

- 자기주도학습 영역(자기주도학습 태도와 꿈과 끼 영역)
  - 자기주도학습 과정: 학습을 위해 주도적으로 수행한 목표 설정·계획·학습 그리고 그 결과 평가까지의 전 과정(교육과정에서 진로 체험 및 동아리 활동, 꿈과 끼를 살리기 위한 활동 및 경험 등 포함)
  - 지원 동기 및 진로 계획: 본교 특성과 연계해 본교에 관심을 갖게 된 동기, 꿈과 끼를 살리기 위한 활동 계획과 중학교 졸업 후 진로 계획
- 인성 영역·활동 실적: 봉사 체험 활동을 포함한 배려, 나눔, 협력, 타인 존중, 규칙 준수 등에 대한 초등학교 활동 실적
  - 배우고 느낀 점: 봉사 체험 활동을 포함한 배려, 나눔, 협력, 타인 존중, 규칙 준수 등의 활동을 통해 배우고 느낀 점 등
  - 위에 제시된 것 외에 학생이 발굴하여 작성할 수 있음

다음은 자기소개서 작성 시 유의 사항이다.

- 자기소개서는 본교 홈페이지를 통해 링크된 인터넷 원서 접수 사이트에서 작성 후 출력하여 제출함
- 자기소개서는 사실에 기초하여 본인이 직접 작성하며, 입증 서류는 필요한 경우 본교 입학전형위원회에서 제출을 요구하여 확인함
- 대리 작성, 허위 작성 혹은 표절 시에는 사후에도 입학 취소 등 불이익을 부과함
- 자기소개서 작성 시 배제 사항
  - TOEFL/TOEIC/TEPS/TESL/TOSEL/PELT/HSK/JLPT 등 각종 인증시험 점수, 한국어(국어)/한자 등 능력 시험 점수
  - 교과목의 점수나 석차

- 교내외 각종 대회 입상 실적, 자격증, 영재교육원 교육 및 수료 여부 등 부모 및 친인척의 사회·경제적 지위를 암시하는 내용
  예) 부모 및 친인척의 구체적인 직장명이나 직위, 소득 수준, 고비용 취미 활동(골프, 승마 등), 학교에서 주관하지 않은 모둠 및 프로젝트 활동(사설 학원 및 기관에서 추진하는 교과 관련 활동), 청심국제중고에서 주관하여 실시한 모든 활동(영어 캠프 포함) 등
- 지원자 본인을 알 수 있는 이름, 출신 초등학교 등 인적 사항을 암시하는 내용

• 자기소개서에 배제 사항을 기재하거나 증빙자료로 관련 내용을 제출하거나, 면접 시 관련 내용을 언급하는 경우 입학전형위원회 심의를 거쳐 다음과 같이 처리함
  - 자기소개서에 영어 등 각종 인증 시험 점수, 교과목의 점수·석차, 각종 자격증 취득 사항, 교내외 각종 대회 입상 실적, 영재교육원 교육 및 수료 여부 기재 시 영점 처리함
  - 부모의 사회·경제적 지위 암시 내용, 지원자 본인의 인적 사항을 암시하는 내용 등 기재 시 해당 평가 항목 배점의 10% 이상 감점 처리함
  - 인증 시험 및 각종 대회 입상 증빙자료를 참고 자료로 제출하는 경우, 또는 이에 해당하는 우회적·간접적 진술이 제시된 경우에는 전체 항목 영점 처리함

• 영점 혹은 감점 처리되는 자기소개서의 작성 사례
  - 초등학교 3학년 때 처음 TOEIC 시험에 응시해 450점을 받았습니다. 이후 영어 공부에 매진한 결과 850점을 얻으며 "노력은 결과를 배신하지 않는다"라는 깨달음을 얻게 되었습니다.

- 영어 성적이 100점이 되어 전교 1등이 되었습니다.
- 초4 겨울방학 중 ○○○에서 주최하는 ○○○○ 경시대회에 참가해 2위 입상이라는 쾌거를 올렸습니다.
- 어렸을 적부터 영어 공부를 열심히 해서 영어인증시험에서 최고 수준에 도달하였고, 전국 단위의 대회에 출전하여 매우 우수한 결과를 얻었습니다.
- ○○지검 검사장이신 아버지를 따라 어렸을 때부터 법조인의 꿈을 키웠습니다.
- ○○방송반에서 동아리 활동을 했습니다. (출신 초등학교명을 암시하는 경우)
- 기타 배제 사항을 우회적으로 표현한 문구 일체

5. 면접 전형 세부 안내 사항

1) 2단계 전형 배점: 40점

자기주도학습 영역(25점)+인성 영역(15점)

2) 2단계 전형 평가 항목

- 자기주도학습 영역(자기주도학습 태도와 꿈과 끼 영역)
  - 자기주도학습 과정: 학습을 위해 주도적으로 수행한 목표 설정·계획·학습 그리고 그 결과 평가까지의 전 과정(교육과정에서 진로 체험 및 동아리 활동, 꿈과 끼를 살리기 위한 활동 및 경험 등 포함)
  - 지원 동기 및 진로 계획: 본교 특성과 연계해 본교에 관심을 갖게

천천히
SLOW
The Friendship Tree

된 동기, 꿈과 끼를 살리기 위한 활동 계획과 중학교 졸업 후 진로 계획

- 인성 영역
  - 활동 실적: 봉사 체험 활동을 포함한 배려, 나눔, 협력, 타인 존중, 규칙 준수 등에 대한 초등학교 활동 실적
  - 배우고 느낀 점: 봉사 체험 활동을 포함한 배려, 나눔, 협력, 타인 존중, 규칙 준수 등의 활동을 통해 배우고 느낀 점 등

3) 면접 방법

- 면접실: 1개
- 방법: 지원자 1인당 총 3명의 면접관
- 면접 소요 시간: 5분 이내
- 문항 수: 3개 내외의 문항이 주어질 예정이며, 추가 질문이 있을 수 있음

*평가 배제 사항 유의: 면접 시에도 자기소개서 작성 시의 평가 배제 사항이 적용

4) 면접 복장

- KF94 이상 마스크 착용 필수(신분 확인 시에만 잠시 벗음, 2023년도 기준)
- 단정한 사복 차림의 복장(교복 착용 절대 금지): 재학 학교 명찰이나 학교명이 복장에 드러나는 복장 착용 금지, 실수로 교복을 착용하고 올 경우, 본교에서 제공하는 조끼 등을 입고 면접에 임하여야 함

6. 자기소개서 항목

- 나의 꿈과 끼, 인성(1,500자 이내, 띄어쓰기 포함)
  - 본인이 스스로 학습 계획을 세우고 학습해온 과정과 그 과정에서 느꼈던 점, 학교 특성과 연계해 본교에 관심을 갖게 된 동기, 중학교 입학 후 자기 주도적으로 꿈과 끼를 살리기 위한 활동 계획 및 중학교 졸업 후 진로 계획에 관하여 구체적으로 기술하십시오.

- 본인의 인성(배려, 나눔, 협력, 타인 존중, 규칙 준수 등)을 나타낼 수 있는 개인적 경험 및 이를 통해 배우고 느낀 점을 구체적으로 기술하십시오.

7. 기타 사항

- 이타적인 품성과 창의적인 지식을 갖춘 글로벌 인재를 양성하는 본교 교육목표 달성을 위해 교육과정은 토론과 발표, 영어 위주의 수업으로 구성되어 있으므로, 본교에 입학하고자 하는 자는 이러한 수준 높은 수업과 활동을 수행할 수 있어야 한다.
- 본교는 전원 기숙사 생활을 하므로 본교에 입학하고자 하는 자는 단체생활 및 규율 준수에 성실하게 임할 수 있어야 한다. 또한 입학 전 신체검사를 실시한다.
- 미등록 또는 등록 후 입학 포기자로 인한 결원은 전형별 입학 사정 성적순에 의거 1월 말일까지 충원한다. 단, 미등록자에 대해서는 학부모의 등록 포기서를 받아 처리한다.
- 본교는 지원자들의 자기소개서 대필 여부를 가려내기 위하여 '유사도 검증 시스템'을 활용할 예정이며, 검색 결과 표절이 확인될 경우 본교 입학전형위원회의 심의를 거쳐 감점 등 불이익을 받을 수 있다.
- 현재 국내 중학교에 재학 중인 자와 국내에 소재하며 국내 학력을 인정하는 국제학교의 중학교 과정을 이수 중인 자는 지원할 수 없다.
- 접수 일시나 전형 시기, 합격 여부와 관계없이 타 국제중과 복수 지원은 불가하다(이중 지원이 확인될 경우 양쪽 모두 불합격 처리).

8. 청심국제중학교 신입학 1단계 전형 경쟁률

1) 2022학년

<table>
<tr><th colspan="3">전형</th><th>모집 전형</th><th>지원 현황</th><th>지원 비율</th></tr>
<tr><td rowspan="4">정원 내</td><td colspan="2">일반전형</td><td>80</td><td>1,301</td><td>16.26 : 1</td></tr>
<tr><td rowspan="3">사회 통합 전형</td><td>기회균등 대상자</td><td>12</td><td>40</td><td>3.33 : 1</td></tr>
<tr><td>사회다양성 대상자 A</td><td>4</td><td>9</td><td>2.25 : 1</td></tr>
<tr><td>사회다양성 대상자 B</td><td>4</td><td>42</td><td>10.50 : 1</td></tr>
<tr><td>정원 외</td><td colspan="2">특례</td><td>2</td><td>11</td><td>5.50 : 1</td></tr>
<tr><td colspan="3">계</td><td>102</td><td>1,403</td><td>13.75 : 1</td></tr>
</table>

2) 2023학년

<table>
<tr><th colspan="3">전형</th><th>모집 전형</th><th>지원 현황</th><th>지원 비율</th></tr>
<tr><td rowspan="4">정원 내</td><td colspan="2">일반전형</td><td>80</td><td>1,374</td><td>17.18 : 1</td></tr>
<tr><td rowspan="3">사회 통합 전형</td><td>기회균등 대상자</td><td>12</td><td>41</td><td>3.42 : 1</td></tr>
<tr><td>사회다양성 대상자 A</td><td>4</td><td>9</td><td>2.25 : 1</td></tr>
<tr><td>사회다양성 대상자 B</td><td>4</td><td>49</td><td>12.25 : 1</td></tr>
<tr><td>정원 외</td><td colspan="2">특례</td><td>2</td><td>11</td><td>5.50 : 1</td></tr>
<tr><td colspan="3">계</td><td>102</td><td>1,484</td><td>14.55 : 1</td></tr>
</table>

2

화산중학교

학교 주소: 전북 완주군 화산면 화산로 874

1. 학교 소개

화산중학교는 우리나라 최초의 기숙형 자율중학교로 전국 단위로 신입생을 모집한다는 특징이 있다. 전라북도 완주군 화산리에 있으며, 수준 높은 기숙사 시설과 푸르른 자연환경을 고루 갖추고 있다.

교육과정의 기본 방향은, '21세기를 이끌어갈 계승, 개혁, 창조의 지도자 육성'이다.

- 바른 품성을 지닌 지도자

- 창의적인 생각을 가진 지도자
- 자율성을 갖춘 지도자
- 미래를 준비하는 지도자

1) 학교 교육과정의 방향성

- 자신에게는 정직하고 상대방에게는 한없이 배려하며 알고 있는 것은 올바르게 실천할 줄 아는 바른 품성을 지닌 지도자로 키운다.
- 생각하는 힘을 키우는 독서 교육과 다양한 예체능 활동으로 건강한 정신과 신체를 길러 창의적인 생각을 하는 지도자로 키운다.
- 자기 주도적으로 계획하여 하루를 실천하고, 자신의 진로를 찾을 수 있는 자율성을 갖춘 지도자로 키운다.
- 배우는 것을 즐거워하며 끝없이 스스로를 탐구하는 도전 정신과 열정을 갖고 미래를 준비하는 지도자로 키운다.

2) 특징

- 전국 단위 학생 모집 가능
- 정규 중학교로는 전국 최초로 자율중학교 지정
- 6년 연속(2010~2015) 전국 단위 교과교실제 최우수 학교 지정
- 정규 중학교 과목을 모두 운영하며, 그 외의 교육과정은 탄력적으로 운영 가능
- 고교 진학 시 학생 거주지의 고등학교 또는 전북 지역의 고등학교 및 전국 모집 단위 고등학교 지원 가능 (근거: 「초·중등교육법 시행령」 제81조 1항)
- 기숙사(문무숙) 2개 동 운영
- 디지털 교과서 선도 학교 운영
- 소프트웨어 교육 선도 학교 운영

화산중학교 일과

시간	일과 내용
06:40~07:00	기상, 세면, 운동장 두 바퀴 이상 돌기
07:00~08:20	아침 식사 및 등교
08:20~08:40	지도자 교육, 아침 독서, 신문 읽기, 팝송 부르기
08:45~12:15	오전 수업(1교시~4교시) ◎월요일 1교시: 담임과의 시간(상담 및 진로 탐색)
12:15~13:10	점심 식사
13:10~16:40	오후 수업(5교시~8교시) ◎화요일 8교시: 자율 동아리 활동 금요일 7교시 이후 귀가

16:40~17:00	청소 및 종례
17:00~18:15	저녁 식사 및 휴식
18:15~20:50	야간 방과 후 활동, 동아리 활동, 자기주도학습
20:50~21:50	기숙사(간식 및 자유시간, 청소, 점호)
21:50~23:00	기숙사(자기주도학습)
23:00~24:00	자기주도학습 및 취침

3) 화산중 국제적 문화 역량 강화 프로그램

- 중국어, 일본어 중 학생 희망에 따라 1과목 선택
- 중국 원어민 교사 수업(중국어 공자학당 운영)
- 중국, 일본, 호주 학교들과 자매결연
- 소규모 토론식 수업 지향
- 공자학당: 중국 정부의 지원을 받아 운영

4) 방과 후 프로그램

화산중학교에서는 학생선택형으로 운영하는 방과 후 활동을 운영한다. 영어, 중국어, 일본어와 수학, 과학, 토론부 등 학업과 연계된 심화 과정의 프로그램은 물론 다양한 분야의 예체능 교육에도 힘쓰며 지덕체를 골고루 겸비한 학생으로 성장할 수 있도록 다양한 지원을 아끼지 않고 있다.

방과 후 학교 프로그램	운영 내용
영·수 기초 학력 대비반	영어, 수학에서 학업 성취도가 낮은 학생들을 대상으로 한 시간씩 운영
PCSG	중등 심화 수준의 물리, 화학 교과 내용을 이해하고, 논문을 작성하여 추후 과학고, 영재고 실적 자료 준비
중국어 회화 기본반	중국어 회화 기초 입문 지도
중국어 회화 기본 - 중급반	중국 원어민과의 일대일 회화를 통한 중국어 회화 심화 능력 향상
일본어 능력 시험반	일본어 능력 시험 대비 지도
유도(남/여)	1인 1단증 갖기 운동과 연계하여 추진
미술부	개인의 잠재적인 미술 표현 능력을 개발하기 위한 기초 작업과 소묘, 정밀 묘사, 인물화 등 지도
토론기법	개인의 다양한 의견을 토론 시 설득력 있게 표현하는 기법을 지도
고난도 수학	수학의 기본기를 바탕으로 고등수학까지 맞춤형으로 지도
첼로	다양한 악곡을 익히고 연주와 합주를 통한 화음 및 음악 이론 지도
바이올린	
목관악기부	
가야금	가야금 연주법 학습을 통해 민요 연주
대금	대금의 운지법과 연주법을 지도
아쟁	저음 현악기인 아쟁의 연주법을 지도
해금	해금의 폭넓은 음역을 통한 연주법 지도
피리	피리의 운지법과 연주법을 통한 지도
사물놀이	우리 농악의 기본인 꽹과리, 징, 장구, 북 등 네 가지 농악기의 합주 연주 지도

기타	초급 과정부터 개별지도
록 밴드	대중음악에 대한 관심을 증대시키고 기악 영역에 대한 소질을 개발하며, 음악의 심미성을 함양할 수 있도록 지도
관현악부	다른 악기와의 차이를 이해하며 연주 실력 향상과 아름다운 하모니로 정서적 발달 지도
자기주도학습	인터넷 강의 등

5) 동아리

화산중학교는 학생들의 꿈과 끼를 키우며 학교의 특성을 살릴 수 있는 프로그램을 운영하며, 학기 말의 자투리 시간을 충분히 활용할 수 있는 단기 형태로 운영된다. 이것은 다양한 문화 체험을 통한 취미와 소질의 계발 및 특기 신장을 위한 양질의 교육을 제공하기 위함이며, 30개의 창의적 체험 활동 동아리와 41개의 자율 동아리가 운영 중이다.

이공학 동아리	IT, 과학, 수학, 의학, 천문
인문사회 동아리	문학, 사회, 법, 심리, 토론
예체능 동아리	음악, 밴드
외국어 동아리	영어, 중국어, 일본어
봉사 홍보 동아리	멘토-멘티, 영상, 봉사
스포츠 동아리	축구, 농구, 배드민턴, 탁구, 댄스, 요가 등

이 외에도 국제적 문화 역량을 강화하기 위해 중국어 능력 시험(HSK), 중국어 쓰기 대회, 중국어 말하기 대회 등과 같은 행사가 지원되며 매주 2시간 원어민 수업이 제공되는 공자학당 프로그램을 운영하고 있다.

2. 모집 단위 및 모집 구분

1) 모집 단위

전국[인접 중학구인 완주 관내 초등학교 졸업(예정)자는 지원 불가]

2) 모집 구분

전기

인접 중학구

- 자율중학교 소재 시군의 읍·면 지역 중학구
- 자율중학교 소재 시군과 인접한 타 시, 군, 읍, 면 지역 학교의 중학구
- 화산중학교 인접 중학구: 화산초등학교 및 삼우초등학교(화산면 와룡리 임전, 상와, 운제리 옥포)를 제외한 완주군 관내 초등학교
- 인접 중학교 지원 금지 방침: '자율중학교 운영제도 개선 안내'

[전라북도 교육청 교육진흥과 19984(2011.8.16.)]

3. 전형 순서

- 원서 다운로드
- 원서 접수
- 면접(특별전형을 제외한 원서 접수자 전원)
- 합격자 발표
- 예비 합격자 발표

- 합격자 학부모 회의
- 합격자 등록
- 신입생 예비소집
- 신입생 오리엔테이션

4. 모집 정원

- 학급당 24명, 총 4학급 96명(남녀 구분 없음)
- 전형별 정원

구분	전형	정원	비고
정원 내 (96명)	특별전형	18명	• 화산 중학구 내 접수 인원 (변동될 수 있음) • 현재 다니고 있는 초등학교와 현 주소지(실 거주지)의 학구가 일치되어야 지원 가능
	일반전형	75명	• 모집 정원 96명 중 특별전형 및 유도 특기자 전형을 제외한 나머지 인원(특별전형 접수 인원에 따라 일반전형 정원 변동됨)
	교기 육성	3명	• 정원 내에서 일반전형과 별도로 3명 선발 [근거] 「초·중등교육법 시행령」 제87조 제1항 및 전라북도 체육 특기자 선발에 관한 규칙
정원 외 (2명)	정원 외 전형	2명	• 국가 유공자 자녀 중 교육 지원 대상자 • 대상자는 본교에서 보훈청에 직접 확인

5. 지원 자격

	전형	지원자격
정원 내	특별전형	• 화산 중학구 내 졸업(예정)자
	일반전형	• 전국의 초등학교 졸업(예정)자 • 인접 중학구인 완주 관내 초등학교 졸업(예정)자는 지원 불가
	교기 육성	• 전국의 초등학교 졸업(예정)자 • 실적 또는 추천에 의해 유도 종목에 특기가 있는 자 • 인접 중학구인 완주 관내 초등학교 졸업(예정)자는 지원 불가
정원 외	정원 외 전형	• 국가 유공자 자녀 중 교육 지원 대상자 • 인접 중학구인 완주 관내 초등학교 졸업(예정)자는 지원 불가

6. 선발방법(일반전형)

1) 면접 대상

일반전형·유도 특기자 전형·정원 외 전형 지원자 전원(특별전형 지원자만 제외)

2) 선발 방법

- 남녀 구분 면접
- 문답식 개별 및 조별 면접
- 제출 서류(자기소개서, 학교생활기록부 등) 내용 확인
- 교육 또는 선행학습 유발 요인에 대한 평가 배제

3) 면접 영역 및 배점

인성	자기주도학습 능력	창의성	총점
20점	20점	20점	60점

• 동점자 발생 시 인성, 자기주도학습 능력, 창의성 평가 고득점순으로 선발

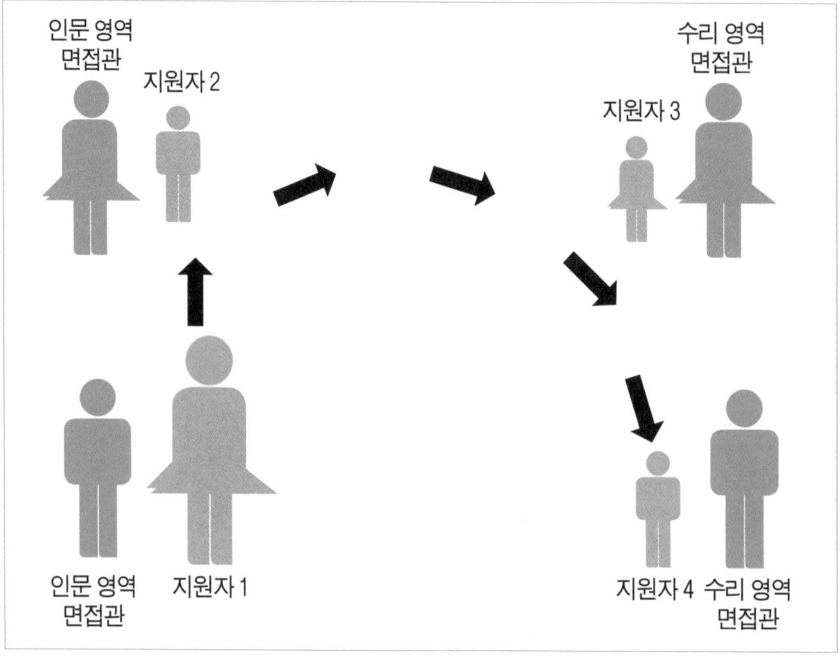

화산중학교 창의성 영역 면접 방법

7. 자기소개서 항목

• 반드시 흑색 연필이나 볼펜을 사용한 자필 작성만 가능(워드 작성 불

가능)

- 양식 변형 금지
  - 본교에 지원하게 된 동기에 관하여 자기 경험이나 사례 등을 들어 구체적으로 기술하십시오.
  - 본인이 스스로 학습 계획을 세우고, 학습하고, 평가해온 자기주도 학습 과정과 이를 통해 느꼈던 점에 관하여 구체적 경험을 바탕으로 기술하시오. (유도 특기자의 경우, 운동 과정 등을 명시)
  - 중학교 입학 후 본인의 학습 계획과 중학교 졸업 후 진로 계획에 관하여 구체적으로 기술하십시오. (유도 특기자의 경우, 운동 계획 등을 명시)
  - 초등학교 재학 시절 본인의 인성(배려, 나눔, 협력, 타인 존중, 갈등관리, 학교 규칙 준수, 대인 관계 등)에 대한 활동 실적이나 경험담을 두 가지 이상 적고 이를 통해 배우고 느낀 점을 구체적으로 기술하십시오.

8. 유의 사항

- 전라북도 내 다른 학교장 전형 선발 중학교에 중복 지원은 불가하며, 이중 지원 후 합격했더라도 최종 불합격 처리됨
- 제반 서류 내용이 허위로 기재되었을 경우 불합격 처리됨
- 각종 인증 및 능력 시험 결과, 경시대회 입상 실적, 논문 게재 등을 직접적 또는 우회적으로 기재하는 등의 위반 사례가 있는 경우 불합격 처리됨

- 접수된 서류 일체는 반환되지 않으며, 본인의 기재 잘못으로 인한 불이익에 대해서는 본교에서는 책임지지 않음
- 등록 기간 내에 등록하지 않으면 본교 진학을 희망하지 않는 것으로 판단하여 합격을 취소함
- 본교에 불합격 학생, 등록 포기(미등록)로 합격이 취소된 학생은 일반 중학교에 무시험 배정을 받을 수 있음
- 신입생 입학 전형 요강에 명시되지 않은 제반 사항은 본교 입학전형 위원회의 심의를 통해 결정함

9. 경쟁률

	모집 인원	지원 인원	경쟁률
2022학년도	63명	849명	13.47 : 1
2023학년도	75명	991명(16.7% 증가)	13.21 : 1

3

서울삼육중학교

학교 주소: 경기도 구리시 아차산로487번길 70

1. 학교 소개

서울삼육중학교는 미래 역량 계발 프로그램(5품제)을 운영하고 있다.

1) 인성품 - 인성교육

- 인성과 리더십을 갖춘 민주 시민 육성
- 신앙과 실력을 키우는 리더십 아카데미 운영
- 리더십 강의, 과학 체험 활동, 제주도 리더십 및 봉사 캠프
- 토요 인성 아카데미 운영

- 교과 연계 자율 동아리 부서 운영(ex. 천연계에서 찾은 과학, 미라클 매쓰, 레인저 클럽 등)
- 다양한 친구 관계 프로그램 운영
- 친구 사랑 주간(Apple Day), 신입생 적응 프로젝트 79

2) 독서품 - 독서교육

- 마음을 여는 아침 독서 활동 운영, 백일장 대회 운영

- 독서 캠프 운영
- 독서 주간 운영
- 교과별 필독 도서 선정, 1과목 1독서 수행 평가 실시
- 독서 노트 제작 사용

3) 예술품 - 버스킹 공연

- 아침 버스킹 공연: 월 1회
- 오케스트라, 스트링 앙상블, 소리누리(사물놀이), 합창단
- 창조 아트 교육(블록형 미술 수업)

4) 체육품(1인1기)

- 1인 1체능 익히기
- 학년별 1개 이상의 체육 기능 익히기
- 자유 학기 다양한 예술 체육 활동

5) 국제품 - 외국어교육 특성화 사업

- 국제 인재 육성을 위한 다양한 프로그램 운영
  - 영역별 소그룹 문법 및 영작 수업(원어민+한국인)
  - 수준별 3단계 영어 회화 수업(원어민 실용 영어 회화)
  - 방학 중 해외 어학연수 및 교환학생 프로그램 운영
  - 토요 외국어 프로그램 운영
  - 여름방학 외국어 캠프 운영
  - 온라인 국제회의 개최
  - 모의 유엔 운영

서울
삼육중학교

• 배움 중심 영어 교육과정

정규 영어	소그룹 수업	ESL(원어민 생활 영어 수업)
주 1~2회	주 1~2회	주 1~2회
어휘, 독해, 어법	영어 작문, 영어 원서 읽기, 영어 토론	듣기/말하기
영어 교사	영어 교사, 원어민 교사	원어민 교사

• 문화를 배우는 중국어 교육과정
- 원어민과 한국인 교사가 함께하는 소그룹 중국어 회화 수업
- 다채로운 중국 문화 체험 수업
(중국 차 문화 체험, 중국 전통 놀이 체험, 중국의 전통 음식 만들기 체험 등)
- 방학 중 해외 어학연수 및 교환 학생 프로그램 운영
- 여름방학 중국어 캠프 운영
- 온라인 국제회의 개최
- 토요 중국어 동아리 프로그램 운영

2. 모집 단위 및 정원

전국 단위 모집, 정원 남녀 7학급 총 210명(학급당 30명)

3. 선발 유형 및 지원 자격

1) 공통 자격

본교의 교육 이념에 따라 충실히 교육받기를 희망하는 자로서 아래 각 호의 자격을 갖춘 자

- 초등학교 졸업자 또는 2023년 2월 초등학교 졸업 예정자
- 중학교 입학 자격 검정고시 합격자
- 초등학교 졸업과 동등 이상의 학력이 있다고 교육부 장관이 인정한 자

2) 선발 유형

모집 인원	지역 및 조건	선발 인원	지원 자격
일반전형 (125명)	구리·남양주시	95명	학업에 대한 열정이 뛰어나고, 품행이 단정하며 담임교사의 추천을 받은 자로 경기도 구리·남양주 소재 초등학교 졸업자 또는 졸업 예정자
	타 시도	30명	학업에 대한 열정이 뛰어나고, 품행이 단정하며 담임교사의 추천을 받은 자로 구리·남양주시를 제외한 타 시도 초등학교 졸업자 또는 졸업 예정자
특별전형 (85명)	SDA 전형	30명	지원자의 부모님이 침례를 받은 SDA 교인으로 3년 이상 성실하게 재림교회에 현재 출석하고 있고, 지원자 본인이 성실하게 재림교회에 현재 출석하고 있는 자
	삼육 리더 전형	55명	삼육초등학교 6학년에 재학 중인 자로서 당해 년도를 포함하여 삼육 교육을 3년 이상 이수하고, 전형일 기준 당해 학교 리더십 과정을 이수한 자
정원 외 전형 (10명)	국가유공자 자녀(3%)	6명	국가유공자 자녀 중 국가유공자 등 예우 및 지원에 관한 법률 및 동법 시행령에 따라 교육 보호 대상자에 해당하는 자
	특례입학 대상자(2%)	4명	경기도교육청 특례입학 업무처리 요령(「초·중등교육법 시행령」 제82조 제3항 제2호)에 따른 대상자

4. 전형 방법 및 평가 내용

1단계 전형

1) 학업 적성검사

- 평가 유형: 창의, 융합적 지식을 측정할 수 있는 5지 선다형, 단답형, 문장완성형, 서술형(60점)

교훈
서로 먼저 봉사하자

- 평가 내용: 초등학교 6학년 학생들의 배경 지식을 근거한 종합적 지식

2) 자기소개서

- 평가 유형: 자신의 역량에 대한 구체적이고 논리적인 서술(40점)
- 평가 내용: 초등학교 학습 경험, 중학교 학습 계획, 진로에 대한 준비, 독서 능력 등 다면적이고 종합적인 역량 평가
- 평가 결과 심층 면접 대상자 1.5배수 선발

1단계 전형 일정

입실	08:50	고사실 입실 완료(고사실 당일 발표)
안내	09:00~09:30	시험 요령 안내 및 각종 안내
1교시	09:30~10:00	학업 적성검사
2교시	11:00~11:50	자기소개서 작성

2단계 전형

1) 2단계 심층 면접 안내

- 평가 유형: 문답식(일반전형 50점, 특별전형 70점)
- 평가 방법: 복수의 면접관이 1명의 학생을 대면하여 문답함
- 평가 내용: 먼저 면접 문제를 학생이 직접 선택하여 문제를 읽고 답하며, 추가로 자기소개서를 바탕으로 인성과 진로 특성을 면접함

2단계 전형 일정

입실	08:50	고사실 입실 완료(고사실 당일 발표)
안내	09:00~09:20	시험 요령 안내 및 각종 안내
면접	09:20~12:30	심층 면접

2) 유의사항

- 준비물: 볼펜 및 샤프(컴퓨터용 사인펜 지급), 수험표(사진 포함)
- 소지 불가 물품: 휴대전화, 스마트기기, 디지털카메라, 전자사전, MP3 플레이어, 태블릿 PC, 카메라 펜, 전자계산기, 라디오, 휴대용 미디어플레이어, 전자시계, 전자식 이어폰 등 모든 전자기기
- 당일: 대중교통 이용(전형 당일 주차장 부족으로 인해 가급적 대중교통을 이용할 것)
- OMR 카드 작성법: 학교 홈페이지 입학 안내/입학 자료실에서 다운받아 사전 연습할 것
- 평가 기준

단계	형태	전형 구분	점수	문항수	결과
1단계	학업 적성검사	전형 구분 없음 (정원 외 포함)	60점	25문항	심층 면접 대상자 1.5배수 선발
	자기소개서	전형 구분 없음 (정원 외 포함)	40점		
2단계	심층 면접	일반전형 (정원 외 포함)	50점		최종 합격자 선발
		특별전형	20점	성경 10문항 평가	
			50점		

3) 2단계 최종 합격자 점수 산정방법

- 일반전형(전형 외 포함): 1단계 100점+2단계 50점=150점
- 특별전형: 1단계 100점+2단계 50점+성경 20점=170점

5. 경쟁률

2021~2022 평균 6:1 경쟁률

	전형	경쟁률
2023학년도	SDA 및 리더십 전형	1.5:1
	구리/남양주 전형	4:1
	타 시도 전형	8:1
	특별전형	1.1:1

4

영선중학교

학교 주소: 전라북도 고창군 무장면 왕제산로 713

1. 학교 소개

영선중학교는 올바른 인성 함양과 자기 주도적 학습력을 추구하는 기숙형 중학교이다. 70여 년의 역사를 자랑하는 영선중학교는 창의적 체험 활동을 3년 동안 204시간 추가 편성했으며, 과목 중점형 교과교실제, 사교육 절감형 창의 경영 학교, 인문 사회 영재학급, 유네스코 학교 등 다양한 교육 프로그램을 운영하고 있다.

1) 선도학교

유네스코 학교	• 2014년 3월 도내에서 중학교로는 유일하게 유네스코 학교 가입 • 2016년 유네스코 학교 국제 네트워크 가입 (유네스코 학교는 평화, 자유, 정의, 인권과 같은 유네스코의 이념을 다양한 교육 활동을 통해 앞장서며 실천하는 학교)
SW 교육 선도학교	• 2018년부터 정보 교과가 필수로 전환 • 단순한 코딩 방식이 아닌 컴퓨팅 사고력 및 협력적 문제 해결력 향상을 위해 2015년부터 SW 교육 선도학교 운영 • 2015년도 전국 최우수 중학교로 선정
과목 중점형 교과교실제	• 교과 특성에 맞는 교실 환경을 조성하여 학생들이 교과 시간에 해당 교실로 이동해서 수업 • 2011년 과목 중점형 교과교실제 학교로 지정, 현재 수학, 과학 교과를 교과교실제로 운영
학생자치 법정	• 2017년 학생자치법정을 시행 (학생자치법정은 학생들이 스스로 학생 생활 규정을 정하고 위법한 학생들에 대해 서로 판사, 검사, 변호사, 배심원 등의 역할을 맡아 학생 자치를 실현하는 활동) • 2018년 학생자치법정 사례 중등 부문 전국 2위 수상 • 2020학년도 중등 부문 사례 우수 부총리 겸 교육부 장관상 수상
독도 지킴이 거점 학교	학생들이 독도에 대한 올바른 역사의식을 가질 수 있도록 캠페인, 퀴즈대회 등의 다양한 독도 관련 활동을 통해 '독도 영토 주권' 의식 확산과 독도 영유권 수호 활동
수학 나눔 학교	수학에 흥미와 자신감이 부족하고, 수학 학습에 어려움을 겪는 학생이 성공 경험을 가질 수 있도록 수학 학습 지원 시스템 구축
저작권 체험 교실	저작권에 대한 올바른 인식을 심어주기 위해 놀이 중심의 다양한 저작권 활동을 통한 교육 실시
마을 예술 학교	• 마을과 연계하는 축제 행사에서 지역 주민을 초빙 • 연극 동아리 활동을 통해 정서 발달 함양을 위해 노력
전북의 별	• 전라북도 예체능 분야 우수 인재를 발굴, 지원하기 위한 사업으로 여자 유도부 운영 • 여자 유도 꿈나무 육성을 통해 각종 대회에서 두각

참학력 학교	지식 위주의 학력을 넘어서 지식, 가치와 태도, 실천이 조화를 이루는 참학력을 추구하여 모든 학생의 배울 권리를 보장하는 평등교육과 한 명의 학생도 포기하지 않는 책임교육 실현
창의 융합형 과학실 모델학교	• 2015 개정 교육과정의 창의 융합형 인재 양성을 위한 학생 참여형 수업 활성화 지원 목적 • 창의 융합형 과학실 모델학교를 2018학년도에 선정 • 첨단 기자재와 시설을 통해 4차 산업혁명과 융합형 인재로 성장할 수 있도록 지원
인터넷 드림단	• 디지털 시대에 필요한 소양을 갖춘 차세대 인터넷 리더를 육성하기 위해 2017년부터 인터넷 드림단 운영 • 학생들의 캠페인 활동 및 토론·토의를 통해 사이버 윤리의 필요성에 대해 적극적 홍보
금연 서포터즈	• 청소년들의 흡연을 예방하고 금연 문화를 확산시키기 위해 금연 서포터즈 운영 • 금연 정책 홍보, 부모님들에게 금연 캠페인 등을 진행하여 건강한 신체와 인성을 지닐 수 있도록 지원

2) 동아리 활동

영선중학교의 동아리 활동은 교과 지식을 벗어나 다양한 경험을 할 수 있도록 매주 1시간의 수업 시간으로 운영된다. 학생들의 의사에 따라 여가 시간 및 방과 후 시간에 동아리원들끼리 모여 협의하고 토론하는 시간을 갖는다. 정규교육 과정 동아리뿐만 아니라 자율 동아리를 통해 동아리 활동의 다양성을 제공하는데, 이러한 동아리들이 밑거름되어 다양한 경험과 학교생활의 활력소가 된다.

〈동아리 소개〉

- 정규교육 과정 동아리

동아리 명	활동 내용
방송 동아리	교내 방송 활동 및 방송 시설 담당
밴드 동아리	교내외 대회 참가 및 교내 공연 활동
비전 동아리	수학 관련 대회 참여 및 봉사활동
공예 체험 동아리	공예 체험 활동
영어 토론 동아리	교내외 영어 토론 대회 참가 및 영어 토론 활동
드론 동아리	드론 비행 활동
축구 동아리	교내외 스포츠 클럽 대회 참가
다독다독 동아리	독서 토론 활동
과학 발명 동아리	교내외 발명대회 참여 및 발명 활동
연극 동아리	연극 활동 및 교내 축제 발표
천문 동아리	교외 천문대회 출전 및 천문 관측 활동
도서 운영 동아리	교내 도서관 운영 및 봉사활동

영화 감상 동아리	영화 감상 토론 활동
영상 제작 동아리	교외 대회 참가 활동
디지털 카메라 동아리	사진 촬영 기법 연구

• 자율 동아리

동아리 명	활동 내용
ECS(Education Care of Student)	교내 멘토링 활동
유네스코 동아리	지속 가능 발전 교육
벽화 동아리	프로젝트형 교내 벽화 봉사
인터넷 드림단	정보 통신 윤리 홍보 활동
금연 서포터즈	교내외 금연 홍보 활동
Angeline's Secret Garden	영어문화권 이해 활동
GES(Global English Storytelling)	영어 토론 활동
LP(Listening to Popsong)	영어 노래 부르기 활동
YDC(영선 댄스 클럽)	댄스 활동
YIST(과학 탐구)	과학 탐구 활동 진행
문화 예술부	문예 창작 활동
보컬부	보컬 활동
철학부	철학 토론 활동
큐브	큐브 활동 진행
영선 통통	통일 홍보 활동
동해랑 독도랑 우리랑	독도 홍보 활동

(영선중 홈페이지 제공)

3) 예술 · 체육 활동

영선중학교는 '작은 음악회와 파파야 축제'를 학생들이 직접 꾸미는 예술 활동을 개최한다. 1학기에는 작은 음악회를 통해 악기 공연, 밴드 연주, 장기 자랑 등을 진행하여 학생들의 다양한 끼를 발휘할 수 있도록 예술의 마당이 펼쳐지고, 2학기에는 파파야 축제를 통해 1년 동안 학생들이 갈고 닦은 실력들을 발휘할 기회를 제공한다.

또한 자연을 자주 접할 수 없는 학생들을 위해 생태 학습장을 통해 자연과 함께 공존하며 살아가는 것을 배우고, 토요 진로 체험으로 교과 지식을 벗어나 자유로운 활동을 하게 된다.

- 작은 음악회: 학생들이 직접 꾸미는 음악회
- 파파야 축제(Perfect Art Performance Amazing Yeongseon Activity): 반 대항 합창, 댄스 경연 등
- 춘계 체육대회: 연합 춘계 체육대회
- 학술제(YAS): 학술 분야 발표회

4) 체험 활동

학생뿐만 아니라 학부모와의 관계를 중요시하여 학생, 학부모, 교사가 함께하는 지리산 등반, 가족 캠핑, 스키 캠프를 진행한다.

- 지리산 등반: 1박 2일 일정으로 교사, 학생, 학부모가 함께하는 등반
- 스키 캠프: 동계 스포츠를 즐길 수 있는 스키 캠프
- 생태 학습장: 작물 재배 활동

5) 인문 사회 영재 학급

영선중학교는 전라북도에서 유일하게 인문 사회 영재 학급이 운영된다.

중학교 1, 2학년을 대상으로 교과수업, 리더십 및 인성 분야를 집중적으로 학습하며 봉사활동, 산출물 발표회, 현장 체험학습 등 연중 84시간의 교육 과정을 이수한다. 교과 세부 사항으로는 역사, 정치, 경제 분야를 다양한 시각으로 분석·토론하여 올바른 역사의식과 민주시민 의식 함양에 힘쓰고 있다. 차별화된 커리큘럼을 통해 학생들이 잠재력과 창의성을 마음껏 펼쳐 훗날 미래 사회에 주도적인 역할을 하는 인재로 성장할 수 있도록 지도한다. (영선중 홈페이지 제공)

2. 모집 지역 및 전형별 인원

- 모집 지역: 전국[영선 중학구 외 고창군 소재 초등학교 졸업(예정)자 지원 불가]
- 모집 정원: 3학급 00명 (학급당 ○○명, 남녀 구분 없음)
- 전형 구분 및 모집 정원
  - 영선 중학구 내 특별전형: 17명(원서 접수 마감일 기준, 학구 내 초등학교 재학생 수에 따라 선발 인원 변동 가능)
  - 일반전형: 55명(여자 유도부 ○명 포함, 학구 내 특별전형을 제외한 나머지 인원으로 원서 접수 마감일 기준 학구 내 초등학교 재학생 수에 따라 변동 가능)
  - 국가유공자 중 교육 지원 대상자 : 정원 외 2명(별도 선발)
    대상자 확인은 본교에서 보훈청에 직접 확인
  - 2022.6.30. 기준: 영선 중학구 내 특별전형 17명, 일반전형 55명

3. 지원 자격

- 초등학교 졸업자나 2022학년도 졸업 예정자
- 「초·중등교육법 시행령」 제96조에 의해 초등학교 졸업자와 동등 이상의 학력이 인정되는 자

4. 전형 방법

- 영선 중학구 내 학생은 전형과 관계없이 우선 선발함(원서 접수 기간 중 학구 내 재학생으로 입학원서 제출한 학생에 한함)
- 원서 접수자 전원을 대상으로 면접을 통해 선발
- 면접 배점 기준

기본소양	창의성 평가	계
40	60	100

※ 면접 전형 시 교과 관련 지필고사 및 교과 지식 관련 질문은 하지 않음

※ 면접 방법: 면접 문항 제시-답변, 제출 서류 근거 질문-답변의 문답식 면접으로 진행함

※ 면접 위원 구성: 면접실별 외부 위원 1명, 내부 위원 2명, 총 3명의 면접 위원으로 구성(면접 위원 구성은 학교 사정상 변경될 수 있음)

※ 전형 요소: 학교 인재상, 인성 함양 능력, 창의성 평가

- 전형 방법: 개인별 면접(약 8분 정도 소요)
- 문항 구상 시간: 16분 제공

- 자기소개서 항목

- 초등학교 때 흥미를 느끼고 열심히 했던 분야에 대해 작성하고, 그 분야를 발전시키기 위해 스스로 노력했던 경험을 구체적으로 작성하십시오. (띄어쓰기 포함 500자 내외)
- 학교 공동체(친구, 부모님, 선생님)와의 관계에서 자신의 인성(배려, 나눔, 협력, 타인 존중, 규칙 준수 등)을 나타낼 수 있는 개인적 경험 및 이를 통해 배우고 느낀 점을 작성하십시오. (띄어쓰기 포함 500자 내외)
- 중학교 졸업 후의 진로 계획과 장래 희망에 대해서 작성하십시오. (띄어쓰기 포함 500자 내외)

5. 2023학년도 입학 전형 경쟁률

전형 구분	선발 인원	지원 인원	경쟁률
일반전형	53명	269명	5.07 : 1
국가유공자	2명	5명	2.50 : 1
특별전형(학군)	19명	19명	-
합계	74명	293명	-

5

용정중학교

학교 주소: 전라남도 보성군 미력면 보성강로 279

1. 학교 소개

용정중학교는 특성화 자율학교로 인가받아 2003년 3월 10일 개교한 정규 중학교로 기초·기본 교육의 토대 위에 전인교육을 바탕으로 한 실천 위주의 인성 교육과 체험 위주의 진로 교육을 중시하고 전교생이 기숙사 생활을 한다.

1) 교육목표

- 실천하는 삶 속에서 바른 인성과 고운 품성을 함양한다.

- 자기 주도적 학습력을 바탕으로 새로움을 창조하는 힘을 배양한다.
- 특색 있는 교육과정 운영으로 자신의 잠재 능력을 계발한다.
- 폭넓은 자연 친화적 체험학습으로 호연지기를 신장한다.
- 다양한 공동체 교육 활동으로 더불어 살아가는 참 지혜를 터득한다.
- 세계화 교육으로 미래 사회를 이끌어 갈 인재를 육성한다.

2) 교육 활동

- 주당 편성 시수: 학년별 주당 44시간 운영
- 특기·적성 교육: 주당 2시간 운영(10개 반 중 1개 선택하여 활동)
- 공통 기본 교과: 실험, 토의, 토론 중심의 통합 교과형으로 운영

- 기초 기본 교육 토대 위에 자연 친화적인 다양한 교육활동 전개
- 개별화된 특기 적성 교육 및 통합 교육: 외래 전문 강사 초빙

3) 특성화 교과(주당 10시간) - 방과 후 시간 포함

학년	특성화 교과
1	토론(2) 다도(1) 악기(4) 국선도(3)
2	토론(2) 목공예(1) 악기(4) 국선도(3)
3	토론(2) 철학(1) 악기(4) 국선도(3)

4) 동아리(주당 2시간)

댄스부, 그룹사운드, 축구부, 과학교실, 영화제작, 도자기, 나눔실천, 사물놀이, 연극, 악기 봉사, 토론, 용정 TIMES, 용정 신문

5) 특기 적성반(주당 2시간)

옷 만들기, 애니메이션, 요리, 미술, 인문학 교실, 중국어, 피아노, 바이올린, 창의 융합, 영어 연극, 코딩, 가야금

6) 매일 운영 활동

- 전문 사감에 의한 바른 생활 습관 형성 지도
- 기상과 함께 국선도, 산책, 등산 활동
- 독서, 생활 영어 및 일기 쓰기, 주간 생활계획 실천

2. 모집 인원

<table>
<tr><td colspan="2"></td><td colspan="5">모집 정원 내</td><td>모집
정원 외</td><td rowspan="4">계</td></tr>
<tr><td colspan="2" rowspan="3">전형
구분</td><td rowspan="3">일반</td><td colspan="3">특별전형</td><td rowspan="3">계</td><td rowspan="3"></td></tr>
<tr><td colspan="2">지역인재전형</td><td rowspan="2">사회통합전형</td></tr>
<tr><td>전남지역 전형</td><td>보성지역 전형</td></tr>
<tr><td rowspan="3"></td><td>남</td><td>10</td><td>7</td><td>1</td><td>4</td><td>22</td><td rowspan="2">1</td><td rowspan="3">45</td></tr>
<tr><td>여</td><td>10</td><td>7</td><td>1</td><td>4</td><td>22</td></tr>
<tr><td>계</td><td>20</td><td>14</td><td>2</td><td>8</td><td>44</td><td>1</td></tr>
<tr><td colspan="3">모집 단위</td><td>전국 단위</td><td>전남지역
(보성군 제외)</td><td>전국 단위</td><td>-</td><td></td><td></td></tr>
</table>

3. 지원 자격

본교의 설립 목적을 이해하고, 교육활동(현장 체험학습 포함)에 적극 참여하며 공동체 생활이 가능한 자로서 다음 중 하나에 해당하는 자

- 초등학교 졸업자 또는 2022학년도 졸업 예정자
- 「초·중등교육법 시행령」 제96조에 의해 초등학교 졸업자와 동등 이상의 학력이 인정되는 자

꿈을 가꾸어가는 아름다운 사람

꿈★은 이루어진다
꿈을 향한 힘찬 도전! 지리산 종주
용정중학교

꿈★은 이루어진다

4. 전형 방법

모든 전형은 다음과 같이 1단계 전형과 2단계 전형으로 실시한다.

- 1단계 전형: 서류 전형으로 전형별, 남녀별로 모집 정원의 3.5배수를 각각 선발한다.
- 2단계 전형
  - 학생 면접과 학생 건강 체력 평가로 실시한다.
  - 평가 항목 및 반영 비율은 다음과 같다.

평가 항목	학생 면접		학생 건강 체력 평가(PAPS)	계
	인성	독서·창의성	유연성·순발력·심폐지구력	
반영 비율	60%	30%	10%	100%

- 평가 방법
  - 학생 면접: 개별 면접
  - 학생 건강 체력 평가: 유연성(앉아 윗몸 앞으로 굽히기), 순발력(제자리멀리뛰기), 심폐 지구력(15m 왕복오래달리기)을 평가함

※ 평가 방법은 학생 건강 검사 규칙 제7조에 명시된 학생 건강 체력 평가(PAPS) 측정 방법을 토대로 실시(단, 교통사고 등 부상자의 경우 당일 진단서 제출)

5. 자기소개서 항목

- 나의 소개(나의 긍정적인 면에 대해 생각해보는 영역, 나의 좋은 점과 그 이유)

- 자신의 성장 과정에 대해 쓰시오.
- 지원 동기
  - 용정중학교에 지원하게 된 과정과 그 이유를 쓰시오.
  - 용정중학교에 입학했을 때 예상되는 기대와 걱정을 쓰시오.
- 초등학교 생활
  - 초등학교 생활 중 가장 좋았던 점, 가장 힘들었던 점이 있다면 그 이유를 쓰시오.
  - 자신이 좋아하는 과목과 싫어하는 과목을 쓰고, 그 이유를 간단하게 쓰시오.
  - 초등학교에서 읽은 책 제목과, 저자, 출판사를 5권 이내로 쓰시오.
  - 초등학교 생활 중 본인의 인성(배려, 나눔, 협력, 타인 존중, 갈등관리, 학교 규칙 준수 등)에 대한 경험담을 적고 이를 통해 느낀 점을 쓰시오.
- 꿈과 진로 계획
  - 자신의 꿈을 위와 같이 결정한 동기와 배경을 구체적으로 쓰시오.
  - 용정중학교 입학 후 3년간 어떻게 생활할 것인지 학습 계획과 실천 방안을 구체적으로 작성하시오. (자신의 꿈과 관련지어 쓰세요.)
  - 용정중학교 졸업 후 자신의 진로는 어떻게 계획하고 있는지 작성하시오.

6

이우중학교

학교 주소: 경기도 성남시 분당구 동막로 287

1. 모집 정원 및 전형 방법

전형 유형		정원	비율	1차 전형	2차 전형	비고
일반전형		51명	모집 정원의 85%	• 추첨 전형 • 일반전형 모집 정원의 2배수 (102명) 선발 추첨 전형	• 면접 전형 • 유형별로 모집 정원 선발	중복 지원 불가
특별전형	저소득층 자녀	9명	모집 정원의 15%	• 서류 전형 • 특별전형 모집 정원의 1.5배수 내외 선발	• 면접 전형 • 유형별로 모집 정원 선발	중복 지원 불가
	지체부자유자					
	사회공헌자 자녀					
	다문화가정 자녀					
	성남지역 거주자					

<table>
<tr><td>특례입학(정원 외)</td><td>1명</td><td>모집 정원의 2% 이하</td><td rowspan="2">• 서류 전형
• 특별전형 모집 정원의 2배수 내외 선발</td><td rowspan="2">• 면접 전형
• 유형별로 모집 정원 선발</td><td rowspan="2">중복 지원 불가</td></tr>
<tr><td>국가유공자 자녀
(정원 외)</td><td>1명</td><td>모집 정원의 3% 이하</td></tr>
<tr><td>모집 정원 계</td><td colspan="5">60명(남·녀 3학급)+정원 외 2명</td></tr>
<tr><td>모집 단위</td><td colspan="5">전국 단위</td></tr>
</table>

2. 지원 자격

다음 중 하나에 해당하는 자

구분	지원 자격
공통사항	• 초등학교 졸업자 및 2023년 초등학교 졸업 예정자 • 초등학교 졸업자와 동등한 학력이 있다고 인정된 자(「초·중등교육법 시행령」 제96조) ※ 타 중학교 재학자 및 정원 외 관리자(학적을 보유하고 있는 자)는 지원할 수 없음 ※ 전국 단위 모집으로 모든 지역 학생들이 지원할 수 있음(검정고시 합격자 포함)

3. 자기소개서 항목

1) 학생 자기소개서

- 다음은 사람에게 있는 능력이나 마음입니다. 아래 표에 있는 해당 역량 중에서 내가 잘하는 것 두 가지와 잘하지 못하는 것 두 가지를 각각 선택하고, 구체적인 내용을 사례를 포함하여 작성해주세요. (공감 능력/정직성/경청 능력/주도성/배려심/협동성/책임감/자기관리)

- 다음은 나의 긍정적인 면에 대해 생각해보는 영역입니다. 나의 좋은 점과 그 이유를 쓰세요.
- 학교생활을 하면서 기억에 남는 경험(힘들었던 경험, 좋았던 경험, 감동적인 경험 등)을 쓰고, 그 경험이 나에게 어떤 영향을 주었는지 이야기 해주세요.
- 이우중학교 지원을 결정하기까지의 과정과 그 이유는 무엇이며, 학교에 입학했을 때 예상되는 기대와 걱정이 있다면 무엇인지 써 주세요.

2) 학부모 소개서

- 작성 안내
  - 학부모님들의 경험이나 생각이 온전히 드러나도록 구체적인 내용을 솔직하게 작성해 주시기 바랍니다.
  - 해당 쪽을 넘기지 않게 작성해 주세요. 수기 작성도 가능합니다.
  - 부모가 함께 상의한 후 한 분이 작성하시거나 두 분이 함께 작성하셔도 됩니다.
  - 코로나19 상황으로 인하여, 올해에도 학생 캠프를 하루로 축소해서 운영하게 됩니다. 이에 따라 서류가 학생을 이해하는 데 중요한 근거가 되오니, 서류 작성을 보다 자세하고 충실하게 해 주시기를 부탁드립니다.
- 작성 항목
  - 이웃과 사회에 기여하고자 노력하였던 점을 서술하거나, 더불어 사는 사회를 만들기 위해서는 어떤 노력과 조건들이 있어야 하는지 말씀해 주십시오.
  - 지금까지 자녀를 키우며 어렵거나 힘드셨던 경험을 말씀해 주시고, 그 이후 부모님과 학생의 변화(긍정, 부정)가 있다면 그 변화에

대해서 솔직하게 작성해 주세요.

- 아이가 성장하면서 관심을 보이거나 재능이 있는 분야가 있으면 구체적으로 설명해주세요.(해당 분야에 대해 부모님께서 구체적으로 도움을 주신 부분이 있다면 함께 설명해주세요.)
- 평소 학생이 보이는 정서 및 행동의 특징이 있다면 말씀해 주세요.
- 이우중학교 지원을 결정하게 된 가장 중요한 이유와, 입학 이후 자녀에 대한 기대와 우려를 함께 써 주세요.

4. 유형별 선발 기준

1) 제출 서류 안내

구분	1차 전형	2차 전형(우편 제출)
일반전형	• 입학원서(개인정보 활용 동의서 포함) • 학생 자기소개서 • 학부모 자기소개서(학부모 서약 사항 포함) • (해당자) 검정고시 관련 서류 1부	• 초등학교 학교생활기록부 II 사본 1부 • 추천서 1부

2) 전형 안내

순서	구분	비고
1	원서 교부	학교 홈페이지를 통한 다운로드
2	원서 접수	이우중학교 홈페이지 신입학 온라인 접수 신청 후 우편으로 서류 제출
3	일반전형 추첨	일반전형 응시자 추첨 실시(장소: 교내)
4	1차 전형 합격자 발표	
5	2차 전형 서류 접수	온라인 접수 없이 서류 등기 발송 일반전형 응시자 중 1차 전형 합격자 서류전형
6	학생 캠프 학생 및 학부모 면접	공동체 활동, 프로젝트 활동 등 면접 일정은 1차 전형 합격자 발표 시 공지
7	최종 합격자 발표	학교 홈페이지 공지
8	합격자 등록	

7

영훈국제중학교

학교 주소: 서울특별시 강북구 도봉로13가길 19

1. 특징

- 교육 목표

  올바른 기독교 세계관을 바탕으로 따뜻한 마음과 창의적 지혜를 겸비하고, 한국인으로서의 정체성을 가진 글로벌 인재 육성

- 인재상

  - 나눔과 배려의 사랑을 실천하는 사람
  - 자기 주도적인 탐구 정신으로 융합적 창의력을 갖춘 사람

- 국제적 감각을 지닌 품격과 능력을 겸비한 사람
- 자존감과 겸손함으로 더불어 사는 삶을 만드는 사람

2. 모집 정원

전형 구분		모집 인원
정원 내	일반전형	128명
	사회통합전형	32명
정원 외	보훈자자녀전형	4명 이내
합계		164명(5학급)

- 일반전형, 사회통합전형, 보훈자자녀전형 중 하나의 전형에만 지원할 수 있음
- 전국 소재 학생을 선발하는 중학교(중학교 학력 인정 각종 학교 포함)에 지원하는 자는 접수일시 및 전형 시기, 합격 여부와 관계없이 1개교만 지원할 수 있으며, 지원 자격에 해당되는 자로서 전국 소재 학생 선발
- 중학교 전형 불합격자와 미지원자는 추가모집이 발생하였을 경우에 한하여 지원할 수 있으며 내국인의 국내 소재 외국인학교 중 학력 미인정 외국인학교의 학력은 인정하지 않음
- '정원 외' 보훈자자녀전형은 국가보훈대상자 중 '교육 지원 대상자'만 지원 가능하며, 교육 지원 대상자가 아닌 기타 국가보훈대상자 또는 그 자녀는 '정원 내' 사회통합전형(기회균등전형)으로 지원해야 함

3. 지원 자격

1) 공통 자격

다음 중 하나에 해당하는 자

- 서울특별시 소재 초등학교 졸업(예정)자
- 초등학교를 졸업한 자와 동등한 학력이 있다고 인정된 자(「초·중등교육법 시행령」 제96조)로서 서울특별시에 거주하는 자

※ 국내 중학교 재학자는 지원할 수 없음

※ 단, 해외 거주 학생으로 해외에서 원서를 접수하는 자는 거주지 제한을 두지 않음

※ 위의 '서울특별시에 거주하는 자'는 '원서 접수일 현재 전 가족이 서울특별시에 주민등록이 되어 있고 실제 거주하는 자'를 뜻함

2) 전형 구분별 지원 자격

1)의 공통 자격을 갖추고 다음의 해당 전형 지원 자격을 갖춘 자

전형 구분		지원 자격
정원 내	일반전형	• 인성과 창의성, 자기주도학습 능력 면에서 글로벌 리더의 자질을 갖춘 자
	사회통합 전형	• 인성과 창의성, 자기주도학습 능력 면에서 글로벌 리더의 자질을 갖춘 자 • 다음 1, 2, 3순위의 자격 중 하나를 갖춘 자 **<u>기회균등전형(1순위)</u>** • 「국민기초생활보장법」 제2조 제1호 및 제2호에 따른 수급(권)자 또는 그 자녀 • 법정 차상위계층 또는 그 자녀

	사회통합 전형	※「국민기초생활보장법」 제2조 제10호에 근거하여 주민자치센터에 등록된 차상위계층 또는 그 자녀 • 「한부모가족지원법」 제5조 및 제5조의2에 따른 한부모가족 지원 대상자 ※한부모가족 지원 대상자(법정 한부모가족)는 「한부모가족지원법」에 따른 보호 대상자로 일반 모자 가족 또는 부자 가족과는 구분 • 국가보훈대상자 또는 그 자녀 ※「국가보훈기본법」 제3조 제2호에 따른 대상자로 국가보훈대상자임을 확인할 수 있는 서류를 제출한 국가보훈대상자 또는 그 자녀 ※교육 지원 대상자가 아닌 자 • 기준 중위소득 50% 이하인 가구의 자녀 ※「국민기초생활보장법」 제12조에 따른 교육 급여 수급자 • 기준 중위소득 60% 이하인 가구의 자녀 ※「초·중등교육법」 제60조의4에 따른 교육비 지원자 • 가정 형편이 어려운 학생 중 학교장이 추천한 자 ※「아동복지법」 제3조 제10호에 따른 아동복지시설에서 보호받는 아동에 한함 ※학교운영위원회 심의 후 위원회의 의견서 작성 및 첨부 사회다양성전형 지원 자격 제한(2, 3 순위 모두 해당) • 2022년 가구원수별 중위소득 160% 이하 가정의 자녀 - ‘지역가입자’는 건강보험료 본인부담금 충족 ※재산세 과세내역 확인 불필요 - ‘직장가입자’ 및 ‘혼합(직장+지역가입자)’은 건강보험료 본인부담금 및 재산세(주택분) ※과세금액 모두 반드시 충족 - 건강보험료 본인부담금 및 재산세 과세 금액은 부모(이혼한 경우 친부 및 친모) 모두 확인·합산 ※건강보험료 본인부담금 산정 시 노인장기요양보험료 및 2022년 4월 건강보험 연말정산 금액은 합산에서 제외 ※재산세(주택분)는 지방세 세목별 과세증명서의 재산세 주택 과세 합산 금액임 - 전국에 소유한 모든 주택(아파트)에 대한 납부 금액을 합산한 금액이며, 토지, 상가 등에 대해 과세된 재산세는 미포함

	사회통합 전형	**<u>사회다양성전형(2순위)</u>** •「다문화가족지원법」 제2조 제1호 및 제14조의2에 따른 다문화 가족의 자녀 ※「재한외국인 처우 기본법」 제2조 제3호의 결혼이민자와 「국적법」 제2조부터 제4조까지의 규정에 따라 대한민국 국적을 취득한 자로 이루어진 가족 ※「국적법」 제3조 및 제4조에 따라 대한민국 국적을 취득한 자와 같은 법 제2조부터 제4조까지의 규정에 따라 대한민국 국적을 취득한 자로 이루어진 가족 ※다문화가족이 이혼 등의 사유로 해체된 경우에도 그 구성원이었던 자녀에 대하여 지원 자격을 인정함 ※결혼이민자(「국적법」에 따른 귀화 허가를 받은 자를 포함)와 출생 시부터 대한민국 국적을 취득한 자로 이루어진 가족(단, 결혼 이전에 외국 국적을 가진 친부(모)가 한국 국적을 포기한 사실이 있는 경우 지원 자격을 인정하지 않음) •「북한이탈주민의 보호 및 정착지원에 관한 법률」 제2조 제1호에 따른 북한이탈주민 또는 그 자녀 • 지원 당시 관할 교육지원청 특수교육 운영위원회에서 특수교육 대상자로 선정된 자 •「한부모가족지원법」 제5조 및 제5조의 2에 따른 한부모가족 지원 대상자 이외 소년·소녀 가장 또는 조손 가족의 자녀 •「장애인복지법 시행규칙」 제2조 별표1에 따른 장애의 정도가 심한 장애인의 자녀 • 순직 군경·순직 소방관·순직 교원·순직 공무원의 자녀 **<u>사회다양성전형(3순위)</u>** •「한부모가족지원법」 제4조 제1호～제5호에 따른 한부모가족 자녀 ※한부모가족 지원 대상자의 경우 기회균등전형으로 지원 • 3자녀 이상의 다자녀 가족의 자녀(자녀 모두 지원 가능) • 특수 직업 종사자 - 12년 이상 재직 중인 중령 이하 군인 자녀 - 12년 이상 재직 중인 경감 이하 경찰(해양경찰) 자녀 - 12년 이상 재직 중인 소방경 이하 소방공무원 자녀 - 시·도 또는 군·구 소속으로 재직 중인 환경미화원의 자녀
정원 외	보훈자 자녀전형	•「국가유공자 등 예우 및 지원에 관한 법률」 제22조에 따라 국가보훈처에서 교육 지원 대상자로 지정되거나 교육 지원 대상자 확인서를 발급받은 자

4. 전형 방법

- 교육장이 승인한 전형 요강에 따라 선발함
- 전형별 자격이 있는 지원자 전원을 대상으로 전산 추첨하여 선발함
- 일반전형과 사회통합전형으로 구분하고, 전체 모집 정원의 20%(32명)를 사회통합전형으로 선발함
  - 사회통합전형은 기회균등전형(1순위)과 사회다양성전형(2, 3순위)으로 구분하며 단계별로 선발함

단계별	대상자	선발 비율(명)
1단계	1순위	70%(22)
2단계	1순위 탈락자와 2순위 대상자	20%(7)
3단계	2순위 탈락자와 3순위 대상자	10%(3)

※ 단, 3순위 합격자는 특정 유형이 최대 2명을 초과할 수 없음

  - 사회통합전형 대상자 지정 범위 및 그에 따른 세부 기준, 전형 방법은 '2023학년도 국제중학교 사회통합전형 추진 계획' 및 학교별 전형 요강에 따름
  - 보훈자 자녀는 정원 외로 모집 정원의 3%(4명) 이내를 선발함(국가보훈처에서 '교육 지원 대상자'로 지정하여 통보한 자에 한함)
- 합격 취소 또는 미등록 등으로 인해 결원이 발생할 경우를 대비하여 불합격자를 대상으로 각 전형별 10%를 전산 추첨하여 예비 합격자로 선정함
- 결원이 예비 합격자로 전부 충원되지 않을 경우 학교의 결정에 따라 추가모집을 통해 충원할 수 있으며, 당해 년도 신입생 선발방법과 동일하게 실시함

5. 경쟁률

전형	모집 인원	지원 인원	경쟁률
일반전형	128	1,333	10.41:1
사회통합전형	32	76	2.38:1
보훈자자녀전형	4	10	2.50:1
총계	164	1,419	8.65:1

8

대원국제중학교

학교 주소: 서울특별시 광진구 용마산로22길 26

1. 학교 특색 프로그램

1) 이중언어 교육

영어 수업 외에 과학, 수학, 사회, 도덕, 국제 이해 담당 교사가 영어로 수업을 진행하여 Content-Based(내용 중심) 수업을 통해 몰입 교육을 강화하고, 영어 회화 수업, 비전 아카데미 Communication Lab에서 디베이트, CNN 청취, 시사 독해 등의 수업을 통해 영어를 도구로 활용하는 국제 리더를 양성한다.

2) 국제이해 교육

진로활동 중심의 국제이해 수업은 학생들에게 세계 역사와 다양한 문화와 국제적 이슈들을 탐구하는 기회를 제공한다. 일본어와 스페인어 문화 탐색 시간을 통해 일본어와 스페인어로 의사소통을 할 수 있는 기본 소양을 쌓고, 각 사회의 특성을 탐색한다. 또한 원어민 교사가 진행하는 영어권 문화 탐색 시간은 세계의 문화, 사회현상, 사상 등의 여러 이슈를 객관적 시각으로 볼 수 있는 안목을 기르기 위한 기회를 제공하여 학생들의 진로 구체화를 돕고 있다.

3) Foreign Language Day

국제중학교를 대표하는 행사로, Spelling Bee(영어 철자 맞추기), Imprompt English Speech Contest(즉석 영어 스피치), Spanish/Chinese Speech Contest(스페인어/중국어 스피치), Foreign Language Pop Song Contest(팝송 부르기)의 4가지 분야로 진행된다. 5월부터 시작되는 치열한 예선을 거쳐, 7월에 최종 본선 무대에 진출한 학생들이 자신의 외국어 역량을 뽐내는 행사이다.

4) International Exchange(국제교류)

2학년 학생을 대상으로 중국, 몽골, 말레이시아(2019년 기준) 3개국 중 본인이 희망하는 나라에서 여름방학 기간에 5박 6일간 진행되는 행사이다. 3월부터 자매교 학생들과 함께 Edmodo에서 하나의 주제를 가지고 토론과 조사를 진행하여 서로의 의견을 교환하게 되며. 4~6월 교사의 피드백으로 과제를 수행하는 과정에서 우수한 5명의 학생은 상대국 현지 학교에서 진행되는 국제포럼에 발표자로 선정된다.

현지 학교를 방문하는 날에는 현지 학교 학생 50명과 함께 Ice Breaking을 통해 조별 영어 대화 시간을 갖게 되고, 4개월간 준비한 포럼을 통해 자신의 조사 과정을 발표한다. 이 행사를 통해 국제중학교 학생들은 글로벌 리더로 성장하기 위한 경험을 해볼 수 있다.

2. 모집 인원(2023학년도 기준)

<table>
<tr><th colspan="2">전형 구분</th><th>모집 인원</th></tr>
<tr><td rowspan="2">전형 내</td><td>일반전형</td><td>128명</td></tr>
<tr><td>사회통합전형</td><td>32명</td></tr>
<tr><td>정원 외</td><td>보훈자자녀전형</td><td>4명 이내</td></tr>
<tr><td colspan="2">합계</td><td>164명(5학급)</td></tr>
</table>

- 일반전형, 사회통합전형, 보훈자자녀전형 중 1개의 전형에만 지원할 수 있다.
- 전국 소재 '학생을 선발하는 중학교'(중학교 학력 인정 각종 학교 포함)의 접수 일시 및 전형 시기, 합격 여부와 관계없이 한 학교만 지원할 수 있으며, 지원 자격에 해당되는 자로서 전국 소재 학생 선발 중학교 전형 불합격자와 미지원자는 추가 모집이 발생하였을 경우에 한하여 지원할 수 있다.
- 내국인의 국내 소재 외국인학교 중 학력 미인정 외국인학교의 학력은 인정하지 않는다.
- '정원 외' 보훈자자녀전형은 국가보훈대상자 중 '교육 지원 대상자'만

지원 가능하며, 교육 지원 대상자가 아닌 기타 국가보훈대상자 또는 그 자녀는 '정원 내' 사회통합전형(기회균등전형)으로 지원해야 한다.

3. 지원 자격

1) 공통 자격

다음 중 하나에 해당하는 자

- 서울특별시 소재 초등학교 졸업(예정)자
- 초등학교를 졸업한 자와 동등의 학력이 있다고 인정된 자(「초·중등교육법 시행령」 제96조)로서 서울특별시에 거주하는 자

※ 국내 중학교 재학자는 지원할 수 없음

※ 단, 해외 거주 학생으로 해외에서 원서를 접수하는 자는 거주지 제한을 두지 않음

※ 위의 '서울특별시에 거주하는 자'는 원서 접수일 현재 전 가족이 서울특별시에 주민등록이 되어 있고 실제 거주하는 자를 뜻함

2) 전형 구분별 지원 자격

- 일반전형
  - 세계를 이끌 품격 높은 큰 사람으로 성장할 잠재력을 가진 학생
  - 본교의 교육목표와 같은 꿈을 가지고, 열정을 다해 본교의 교육과정을 성실하게 이수할 준비가 되어 있는 학생
- 사회통합전형
  - 기회균등전형, 사회다양성 대상자 자격 중 하나를 갖춘 학생

(대상 기준 학교 입학 요강 참조)

- 세계를 이끌 품격 높은 큰사람으로 성장할 잠재력을 가진 학생
- 본교의 교육목표와 같은 꿈을 가지고, 열정을 다해 본교의 교육과정을 성실하게 이수할 준비가 되어 있는 학생

- 보훈자자녀전형
  - 「국가유공자 등 예우 및 지원에 관한 법률」 제22조에 따라 국가보훈처에서 교육 지원 대상자로 지정되거나 교육 지원 대상자 확인서를 발급받은 자
  - 학교별 정원 외 3%(4명) 이내 선발

※ 단, 교육 지원 대상자가 아닌 「국가보훈기본법」 제3조 제2호에 따른 국가보훈대상자 또는 그 자녀는 정원 내 사회통합전형의 기회균등전형으로 지원해야 함[타 유형 대상자와 동일한 사정 기준 적용(국가보훈대상자임을 확인할 수 있는 서류 제출)]

4. 전형 방법

- 교육장이 승인한 전형 요강에 따라 선발한다.
- 전형별 지원 자격이 있는 지원자 전원을 대상으로 전산 추첨하여 선발한다.
- 일반전형과 사회통합전형으로 구분하고, 전체 모집 정원의 20%(32명)를 사회통합전형으로 선발한다.
  - 사회통합전형은 1순위(기회균등전형)와 2, 3순위(사회다양성전형)로 구분하며 단계별로 선발

단계별	대상자	선발 비율(명)
1단계	1순위	70%(22)
2단계	1순위 탈락자와 2순위 대상자	20%(7)
3단계	2순위 탈락자와 3순위 대상자	10%(3)

※ 단, 3순위 합격자는 특정 유형이 최대 2명을 초과할 수 없음

- 사회통합전형 대상자 지정 범위 및 그에 따른 세부 기준, 전형 방법은 '2023학년도 국제중학교 사회통합전형 추진 계획' 및 학교별 전형 요강에 따름
- 정원 외 보훈자자녀전형은 모집 정원의 3% 이내를 선발(국가보훈처에서 '교육 지원 대상자'로 지정하여 통보한 자에 한함)
- 합격 취소 또는 미등록 등으로 인해 결원이 발생할 경우를 대비하여 불합격자를 대상으로 각 전형별 10%를 전산 추첨하여 예비 합격자로 선정
- 결원이 예비 합격자로 전부 충원되지 않을 경우 추가 모집을 통해 충원할 수 있으며, 당해 년도 신입생 선발 방법과 동일하게 실시

5. 기타 유의 사항

- 입학 전형의 방법과 내용, 전형 기준 및 입학 사정에 관하여 전형 요강에 포함되지 않은 사항은 입학전형위원회의 심의·결정에 따른다.
- 다음 사항에 해당하는 자는 입학전형위원회의 심의를 거쳐 합격을 취소한다.
  - 허위 서류를 제출한 자

- 전국 소재 '학생을 선발하는 중학교'(중학교 학력 인정 각종 학교 포함)에 이중으로 지원한 자
- 불법, 부정행위 및 기타 부정한 방법으로 합격 또는 입학한 자는 입학한 후에도 합격 및 입학을 취소함

- 입학원서에 기재된 개인 정보는 신입생 입학 관리 업무의 원활한 수행을 위하여 「개인정보보호법」 규정에 따라 수집·이용·제공되며 원서 접수 시 이러한 '개인정보 활용'에 동의하여야 원서를 접수할 수 있다.
- 지원 자격 확인 또는 기타 필요한 경우 관련 서류를 추가로 요구할 수 있다.
- 본교의 입학금과 수업료는 자율화되어 있다.

6. 경쟁률

전형	모집 인원	지원 인원	경쟁률
일반전형	128	2,674	20.89:1
사회통합전형	32	96	3.00:1
보훈자자녀전형	4	12	3.00:1
총계	164	2,782	16.96:1

9

부산국제중학교

학교 주소: 부산광역시 부산진구 백양관문로 105-70

1. 특징

부산국제중학교는 '바른 인성과 알찬 실력을 갖춘 도전적인 글로벌 창의인재 육성'을 교육 목표로, 모든 학생이 저마다의 꿈과 끼를 가꾸어 미래 지구촌 시대에 능동적으로 대비하고, 성공적이고 행복한 삶을 살아갈 수 있도록 학교 교육의 기본에 충실하고 있다.

부산국제중학교의 BIMS 교육

B: 삶의 지혜를 배우고 익히는 창의 융합 교육(Beyond Knowledge)

I: 글로벌 리더십을 함양하는 세계 시민 교육(International Mindset)
M: 21세기를 선도할 미래 인재를 기르는 핵심역량 교육(Mastering Education)
S: 소통과 배려로 더불어 살아가는 사회 공헌 교육(Social Contribution)

2. 모집 정원

구분		모집 인원	비고
정원 내	일반전형	30명	모집 정원의 50%
	사회통합전형	12명	모집 정원의 20%
	귀국자전형	18명	모집 정원의 30%
	소계	60명	
정원 외	국가유공자자녀전형	1명 이내	
	특례입학	5명 이내	
	소계	6명 이내	모집 인원의 10% 이내

3. 지원 자격

다음 중 하나에 해당하는 자

- 부산광역시 소재 초등학교 졸업(예정)자로서 부산광역시에 거주하는 자

- 초등학교 졸업과 동등의 학력이 있다고 인정된 자(「초·중등교육법 시행령」 제96조)로서 부산광역시에 거주하는 자
- 「혁신도시 조성 및 발전에 관한 특별법」에 따라 부산혁신도시로 이전한 공공기관 종사자의 자녀 중 2022학년도 초등학교 졸업 예정 또는 위의 항에 해당하며, 2023년 3월 1일 이전에 부산광역시에 전 가족이 이주 예정인 자

※ 국내 중학교 재학자는 지원할 수 없음

※ 위 항의 '거주지'라 함은 「민법」 제909조의 규정에 의한 친권자 또는 동법 제928조의 규정에 의한 후견인의 일상생활 근거지를 말하며(「초·중등교육법 시행령」 제89조 4항), 이는 원서 접수 시작일 현재 부산광역시 주민등록등본으로 확인한다.
지원자와 보호자의 관계, 친권자와의 동거 여부가 주민등록등본으로 확인 불가한 경우 가족관계증명서(상세) 등 확인 가능한 자료를 추가로 제출한다.

※ 기숙사 입사 규정과 주말 기숙을 운영하지 않음을 확인하고 지원할 것

부산 이전 공공기관		
① 한국해양수산개발원	② 국립해양조사원	③ 국립수산물품질관리원
④ 한국자산관리공사	⑤ 한국주택금융공사	⑥ 주택도시보증공사
⑦ 한국예탁결제원	⑧ 한국청소년상담복지개발원	⑨ 한국남부발전(주)
⑩ 영화진흥위원회	⑪ 영상물등급위원회	⑫ 게임물관리위원회
⑬ 한국해양과학기술원		

구분		지원 자격	원서 제출방법
정원 내	일반전형	다음 중 하나에 해당하는 자로서 본교의 설립 목적에 맞는 인재로서의 소양이 충분히 갖추어졌다고 판단되어 소속 초등학교장의 추천을 받은 자 • 부산광역시 소재 초등학교 졸업(예정)자로서 부산광역시에 거주하는 자 • 초등학교 졸업과 동등의 학력이 있다고 인정된 자(「초·중등교육법 시행령」 제96조)로서 부산광역시에 거주하는 자 •「혁신도시 조성 및 발전에 관한 특별법」에 따라 부산 혁신도시로 이전한 공공기관 종사자의 자녀 중 2022학년도 초등학교 졸업 예정 또는 위의 항에 해당하며, 2023년 3월 1일 이전에 부산광역시에 전 가족이 이주 예정인 자	인터넷 접수 방문 접수 방문 접수
	사회통합 전형	다음 중 하나에 해당하는 자로서 본교에서 수학 가능성이 충분하다고 판단되어 소속 초등학교장의 추천을 받은 자 • 기회균등전형 대상자 • 사회다양성전형 대상자로서 소득 8분위 이하에 준하는 가정의 자녀(입학 요강 붙임 자료 확인 필요)	방문 접수
	귀국자전형	외국의 학교에서 2년 이상 재학하고 귀국한 자로서 소속 초등학교장의 추천을 받은 자(단, 외국에서 부모 모두와 함께 2년 이상 거주하고 2개 학년에 해당하는 기간의 성적 증명서가 있는 자에 한함)	

정원 외	국가유공자 자녀전형	「국가유공자 등 예우 및 지원에 관한 법률」에 따른 교육 지원 대상자로 확인받은 자로서 소속 초등학교장의 추천을 받은 자	
	특례입학 대상자전형	다음 중 하나에 해당하는 자로서 외국의 학교에서 부산광역시 소재 초등학교에 전학하여 2022학년도 졸업 예정인 자로서 소속 초등학교장의 추천을 받은 자(단, 2009년 7월 1일 이후 출생자) • 외국의 학교에서 5년 이상 재학하고 귀국한 학생(단, 부모의 해외 파견, 해외 취업 등에 의해 외국에서 부모 모두와 함께 5년 이상 거주하고 5개 학년에 해당하는 기간의 성적 증명서가 있는 자에 한함) • 정부의 초청 또는 추천에 의하여 귀국한 과학기술자 및 교수 요원의 자녀 • 외국인 학생(부모 또는 부모 중 1인이 대한민국 국민인 경우에는 외국에서 부모 모두와 함께 2년 이상 거주하고 2년 이상의 초등학교 교육과정을 이수한 자에 한함) • 「북한이탈주민의 보호 및 정착지원에 관한 법률」 제2조 제2호에 의한 보호 대상자로서 군사분계선 이북 지역의 학교에서 2년 이상 재학하고 군사분계선 이남 지역의 초등학교 졸업 예정자	

※ '소속 초등학교장의 추천'은 입학원서 '출신 학교장 추천란'의 학교장 직인으로 갈음

단, 기회균등전형 중 '학교장 추천' 유형에 해당하는 자는 학교장 추천서 제출

※ 검정고시 합격자는 입학원서의 '출신학교장 추천란' 작성 제외

4. 전형 원칙

- 전형별 지원 자격을 충족한 지원자 전원을 대상으로 전산 추첨하여 선발한다.
- 사회통합전형은 모집 인원의 50%를 기회균등전형 대상자 중에서 우선 선발한다. 단, 기회균등전형의 지원자가 50% 미만인 경우는 사회다양성전형의 지원자에서 충원한다.
- 기회균등전형 대상자 우선 선발에서 탈락한 지원자는 사회다양성전형 대상자에 포함하여 전형한다.
- 사회다양성전형 지원은 소득 8분위(기준 중위소득 160%) 이하 가정의 자녀에 한하고, 소득 8분위 이하에 대한 증명은 건강보험 부과액 등을 기준으로 판단한다. (단, 건강보험료는 최근 6개월간 납부액의 평균값으로 적용)
- 사회다양성전형의 특정 직업 종사자는 원서 접수일 현재 1년 이상 해당 직종에 재직 중인 자에 한한다(재직증명서에 재직기간 명시).
- '한부모가족'은 주민등록등본상 거주를 같이하고 건강보험증상 지원 학생이 피부양자로 등록되어 있는 부 또는 모의 자료를 제출, 주거와 건강보험증 피부양자 등록 요건이 동일하지 않은 경우는 지원 학생이 피부양자로 등록된 부 또는 모의 자료를 제출한다.
- 국가유공자 자녀(교육 지원 대상자)는 정원 내의 사회통합전형(기회균등)과 정원 외의 국가유공자자녀전형 중 하나의 전형을 선택하여 지원하여야 한다.

5. 기타 유의 사항

- 본교는 「초·중등교육법 시행령」 제76조에 의거, 국제적 인재 양성을 목적으로 설립한 국제 계열의 공립 특성화 중학교로, 지원하고자 하는 자는 '바른 인성과 알찬 실력을 갖춘 글로벌 창의 융합 인재 육성'이라는 본교 교육 목표 달성을 위한 각종 수업 활동을 원활히 수행할 수 있는 자여야 함
- 제출한 서류는 일체 반환하지 않으며, 다음의 각 경우에 해당하는 지원자는 입학이 허가된 후라도 합격 및 입학 허가를 취소 처리함
  - 제출 서류가 불충분하거나 서류 내용이 사실과 다른 경우
  - 증명서 위조나 불법, 편법 등 부정한 방법 사용이 확인된 경우
  - 타 특성화 중학교 및 본교 전형에 이중 지원이 확인된 경우(전형 시기와 관련 없이 이중 지원 불가)
  - 정상적인 학업 수행 및 공동체 생활에 상당한 지장이 있음이 확인된 경우
- 일부 전형의 지원자 수가 모집 정원에 미달했을 경우 미달된 인원은 타 전형의 불합격자 전원을 통합하여 전산 추첨으로 충원함
- 합격 취소 또는 입학 포기자로 인해 결원이 발생할 경우를 대비하여 전산 추첨 불합격자를 대상으로 전형별 정원의 30%를 예비 합격자로 선정, 합격 대기 번호를 부여하고 사안 발생 시 개별 통보함
- 기숙사 입사는 원거리(10km 이상이면서 대중교통으로 60분 이상인 경우) 거주 학생의 경우에만 신청받아 심사 후 입사를 허용하며 1학년은 2학기부터 입사 신청 가능. 매주 월요일 아침 입실, 금요일 오후 퇴실이 원칙이며, 학사일정에 따라 입실과 퇴실 요일이 변경될 수 있음

- 2018학년도 고입 전형부터 비교평가가 폐지됨에 따라 본교도 일반 중학교와 동일한 방법으로 고입 내신 성적을 산출함
- 본 입학 전형 요강에 명시되지 않은 사항은 본교 입학전형위원회의 심의 결과에 따름

6. 2023학년도 경쟁률

전형 구분	정원 내(60)				정원 외(6)		
	일반(30)	사회통합(12)		귀국자 (18)	국가유공 자녀(1)	특례(5)	전체
		기회균등	다양성				
지원자	925	48	66	44	7	6	1,096
경쟁률	30.83	8:1	18:1	2.44:1	7:1	1.2:1	정원 내 18.05

10

선인국제중학교

학교 주소: 경상남도 진주시 대곡면 월암로 341

1. 특징

선인국제중학교는 자율·융합·창의라는 교훈 아래 학생들의 적성과 재능, 잠재력을 발굴, 계발하여 국제적 감각을 지닌 글로벌 인재로서 성장할 수 있도록 교육 내용과 방법을 연구·개발하고 있다. 또한 새로운 지식을 스스로 찾고 탐구하며, 스스로 꿈을 키워나갈 수 있는 자주성과 창의 지성을 갖추며, 자신의 잠재 능력을 최대한으로 개발하여 글로벌 리더의 자질을 갖출 수 있도록 교육 프로그램을 제공한다.

2. 모집 정원

구분	전형	모집 인원
정원 내	일반전형	28명
	사회통합 및 귀국자전형	2명
정원 외	교육 지원 대상자 및 특례입학 대상자 전형	2명
합계		32명

※ 일반전형, 사회통합 및 귀국자전형, 교육 지원 대상자 및 특례입학 대상자 전형 중 하나의 전형에만 지원할 수 있음

※ 모든 전형은 입학전형위원회에서 관리함

3. 지원 자격

1) 공통 자격

다음 중 하나에 해당하는 자

- 경상남도 소재 초등학교 졸업(예정)자
- 초등학교 졸업자와 동등의 학력이 있다고 인정된 자(「초·중등교육법 시행령」 제96조)로서 경상남도에 거주하는 자
- 공공기관 지방 이전에 따른 혁신도시 건설 및 지원에 관한 특별법에 따라 경상남도 소재 혁신도시로 이전된 공공기관[국토안전관리원, 중소벤처기업진흥공단, 한국토지주택공사, 주택관리공단(주), 한국남동발전(주), 한국산업기술시험원, 중앙관세분석소, 한국저작권위원회, 한국세라믹기술원, 국방기술품질원, 한국승강기안전공단] 종사자

의 자녀 중 2022학년도 초등학교 졸업 예정 및 동등 학력 소지자

※ 국내 중학교 재학자는 지원할 수 없음

※ 위의 '경상남도에 거주하는 자'는 '원서 접수 시작일 전 가족(부모, 학생)이 경상남도에 단독 세대로 주민등록이 되어 있고 실제 거주하는 자'를 뜻함

2) 전형별 지원 자격

구분		지원 자격
정원 내	일반전형	• 본교의 교육 목표와 같은 꿈을 가지고 자기주도학습 능력 면에서 글로벌 리더의 자질을 갖춘 자로서 소속 학교장의 추천을 받은 자
	사회통합 전형	• 다음 중 하나에 해당하는 자로서 본교에서 수학 가능성이 충분하다고 판단되어 소속 학교장의 추천을 받은 자 - 기회균등전형 대상자 - 사회다양성전형 대상자
	귀국자전형	• 외국의 학교에서 1년 이상 재학하고 귀국한 자로서 소속 학교장의 추천을 받은 자(외국에서 부모 중 1인과 함께 1년 이상 거주한 자에 한함) • 1개 학년에 해당하는 기간의 성적 증명서가 있는 자에 한함
정원 외	교육 지원 대상자 전형	• 「국가유공자 등 예우 및 지원에 관한 법률」 등에 따른 교육 지원 대상자로 확인을 받은 자로서 소속 학교장의 추천을 받은 자
	특례입학 대상자 전형	• 다음 중 하나에 해당하는 자로서 외국의 학교에서 경상남도 소재 초등학교에 전학하여 2022학년도 졸업 예정인 자로서 소속 초등학교장의 추천을 받은 자 - 외국의 학교에서 2년 이상 재학하고 귀국한 학생 ▷외국에서 부모 중 1인과 함께 2년 이상 거주한 자에 한함 ▷2개 학년에 해당하는 기간의 성적 증명서가 있는 자에 한함

정원 외	특례입학 대상자 전형	- 정부의 초청 또는 추천에 의하여 귀국한 과학기술자 및 교수 요원의 자녀 - 외국인 학생 (부모 또는 부모 중 1인이 대한민국 국민인 경우는 외국에서 부모 중 1인과 함께 2년 이상 거주하고 2년 이상의 초등학교 교육과정을 이수한 자에 한함) • 「북한이탈주민의 보호 및 정착지원에 관한 법률」 제2조 제2호에 의한 보호 대상자로서 군사분계선 이북 지역의 학교에서 2년 이상 재학하고 군사분계선 이남 지역의 초등학교 졸업 예정자

※ 검정고시 합격자는 '학교장 추천서' 작성 제외

4. 전형 방법

전형 순서		작성 항목
서류심사	입학원서 • 꿈과 끼 계획서 • 성장과정 기록지 • 글로벌 드림 에세이	학생 본인 자필 작성 • 꿈과 끼를 살리기 위한 활동 계획 및 자신의 진로 계획에 관하여 500자 이내로 서술하시오. • 나의 성장 과정과 우리 가족의 이야기를 500자 내외로 서술하시오. • 세계로 나아갈 수 있는 자신만의 방법을 영어로 작성하시오. (1쪽 이내)
추첨	전산 추첨	

※ 전형 일정과 장소는 학교 사정에 따라 변경될 수 있으며 변경 시 홈페이지를 통해 안내하므로 수시로 확인

※ 원서 접수 기간 중 학부모 개별 면담 진행(합격 여부와는 무관)

※ 제출 서류 미비(본교 입학 전형 규정 양식에 따르지 않을 경우) 시 불합격 처리됨

- 전형별 지원 자격이 있는 지원자 전원을 대상으로 전산 추첨하여 선발함
- 일반전형과 사회통합 및 귀국자전형으로 구분하여 선발(단, 사회통합 및 귀국자전형의 모집 인원 미달 시 충원하지 않음)
- 합격 취소 또는 미등록 등으로 인해 결원이 발생할 경우 학교 결정에 따라 일정 기간의 추가 모집 기간을 홈페이지 공지 후 추가 모집 지원자에 한해 전산 추첨 선발하며, 당해 년도 신입생 선발 방법과 동일하게 실시하고 기타 신입생 입학 관련 선발 방법은 입학전형위원회에서 결정하여 실시함
- 특례입학 대상자의 경우 반드시 본교 입학전형위원회의 사전 심의를 거쳐야 함

5. 기타 유의 사항

- 본교는 「초·중등교육법 시행령」 제76조에 의거 국제계열의 사립 특성화 중학교로 이에 걸맞은 학생이 추천되어야 함
- 다음의 각 경우에 해당하는 지원자는 불합격 및 입학 취소 처리함
  - 제출 서류가 불충분하거나 서류 내용이 사실과 다른 경우
    (해당 학교도 2023학년도 및 향후 입학 전형에서 불이익을 받을 수 있음)
  - 타 국제중학교 및 본교 전형에 이중 지원이 확인된 경우
    (타 국제중학교의 접수 일시, 전형 시기, 합격 여부와 관계없이 이중 지원은 불가함)
- 모든 서류는 사실에 기초하여 본교 원서 작성 방법에 적합하게 작성하여야 하며, 허위 사실이 있는 경우 입학 전형에 불이익이 있음

- 원서 접수 시 지원자 또는 보호자 연락처, 주소 등을 잘못 기재하거나 기재하지 않을 경우 발생하는 불이익에 대한 책임은 지원자 본인에게 있음
- 토플, 텝스 등 각종 인증 시험 점수, 교내·외 각종 대회 입상 실적, 영재교육원 수료 등은 반영하지 않음. 제출 서류 등에 이를 직·간접적으로 기재하는 경우, 해당자는 감점·심사 제외, 0점 처리 등의 불이익을 받을 수 있음
- 기숙사 입사는 관외 지역 거주 학생의 경우 입사를 허용하며, 관내의 학생 중 희망 학생은 신청받아 심사 후 입사를 허용함. 매주 월요일 아침 입실, 금요일 오후 퇴실이 원칙이며, 학사일정에 따라 입실과 퇴실 요일이 변경될 수 있음
- 본 입학 전형 요강에 명시되지 않은 사항은 입학전형위원회의 심의 결과에 따름
- 기타 문의 사항은 본교 입학부로 문의

6. 경쟁률(2022 기준)

모집 인원	지원 인원	경쟁률
30	60	2:1

Part 2

자기소개서

Chapter 1 기초

Chapter 2 작성

Chapter 3 완성

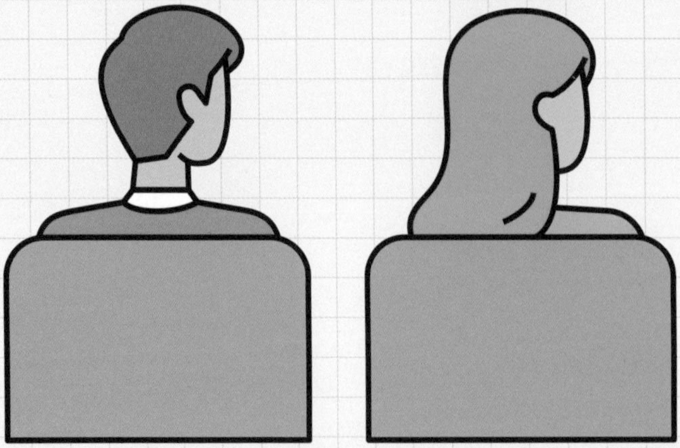

국제중/자율중
자기소개서

Chapter 1

기초

1

국제중/자율중 자기소개서

자기소개서의 사전적 정의는 말 그대로 자기를 소개하는 글이다. 그렇다면 중학교 입학에서의 자기소개서에는 어떤 내용을 기록해야 할까? 단순히 어디에 살고, 무엇을 좋아하며, 꿈은 무엇인지 등 나에 대한 열거보다는 입학을 위한 자기소개서인 만큼, 명확한 동기와 진로 설정, 그리고 가장 중요한 자기주도학습에 관한 내용일 것이다.

중학교나 고등학교 입시에서는 이렇게 자신의 꿈과 끼에 대한 영역을 자기주도학습을 통해 살펴보고, 주도적인 학습 역량을 갖고 있는지 그리고 입학한 후에도 주도적으로 학습을 이어 나갈 수 있는지에 대해 평가한다. 이것이 국제중/자율중의 설립 목적이자 취지이며, 이러한 목적과 학생이 맞닿아 있을 때 '합격'이라는 결과지를 받을 수 있다.

그렇다면 합격이라는 결과지를 받기 위한 첫 관문인 자기소개서는 어떻게 작성해야 할까?

부모님의 입장에서 자녀가 그동안 했던 활동이나 관심사, 읽은 책 등은 많지만 이것을 한데 모아 자기주도학습과 진로까지 개연성 있게 연결하기에는 막막하기만 하다. 'Conneting the dot!'이라는 말처럼 자녀 또는 부모님들이 해온 수많은 경험과 활동을 유의미하게 잇고 연결하는 것, 이 작업이 자기소개서의 첫 시작이자 도착점이라고 할 수 있을 것이다.

이 책을 통해 가장 효율적이고, 가독성이 좋은 밀도 있는 자기소개서를 작성해보도록 하자.

2

국제중/자율중 문항 분석

[자기소개서 주요항목]

1,500자 이내, 띄어쓰기 포함

1. 자기주도학습 영역(자기주도학습 태도와 꿈과 끼 영역)

- 자기주도학습 과정: 학습을 위해 주도적으로 수행한 목표 설정 계획과 학습 그리고 그 결과 평가까지의 전 과정(교육과정에서 진로 체험 및 동아리 활동, 꿈과 끼를 살리기 위한 활동 및 경험 등 포함)
- 지원 동기 및 진로 계획: 본교 특성과 연계해 본교에 관심을 갖게 된 동기, 꿈과 끼를 살리기 위한 활동 계획과 중학교 졸업 후의 진로 계획

2. 인성 영역

- 활동 실적: 봉사 체험 활동을 포함한 배려, 나눔, 협력, 타인 존중, 규칙 준수 등에 대한 초등학교 활동 실적
- 배우고 느낀 점: 봉사 체험 활동을 포함한 배려, 나눔, 협력, 타인 존중, 규칙 준수 등의 활동을 통해 배우고 느낀 점
- 위에 제시된 것 외에 학생이 발굴하여 작성할 수 있음

[화산중학교 자기소개서 항목]

1. 본교에 지원하게 된 동기에 관하여 자신의 경험이나 사례 등을 들어 구체적으로 기술하십시오.
2. 본인이 스스로 학습 계획을 세우고, 학습하고, 평가해 온 자기주도학습 과정과 이를 통해 느꼈던 점에 관하여 구체적 경험을 바탕으로 기술하시오. (유도 특기자의 경우, 운동 과정 등을 명시)
3. 중학교 입학 후 본인의 학습 계획과 중학교 졸업 후 진로 계획에 관하여 구체적으로 기술하십시오. (유도 특기자의 경우, 운동 계획 등을 명시)
4. 초등학교 재학 시절 본인의 인성(배려, 나눔, 협력, 타인 존중, 갈등 관리, 학교 규칙 준수, 대인 관계 등)에 대한 활동 실적이나 경험담을 두 가지 이상 적고 이를 통해 배우고 느낀 점을 구체적으로 기술하십시오.

[청심국제중학교 자기소개서 항목]

1. 본인이 스스로 학습 계획을 세우고 학습해 온 과정과 그 과정에서 느꼈던 점, 학교 특성과 연계해 본교에 관심을 갖게 된 동기, 중학교 입학 후 자기주도적으로 본인의 꿈과 끼를 살리기 위한 활동 계획 및 중학교 졸업 후 진로 계획에 관하여 구체적으로 기술하십시오.
2. 본인의 인성(배려, 나눔, 협력, 타인 존중, 규칙 준수 등)을 나타낼 수 있는 개인적 경험 및 이를 통해 배우고 느낀 점을 구체적으로 기술하십시오.

대표적인 위의 두 학교 자기소개서 항목에서 볼 수 있듯이 '자기주도학습'이 상당히 중요한 부분을 차지한다. 자기주도학습 안에서 학생의 꿈과 끼를 살펴볼 수 있는데, 이 꿈은 진로 설정, 즉 관심사와 앞으로 자신이 하고 싶은 일을 하기 위해 이 학교에 입학하고자 하는 동기와 연결된다. 또한 끼는 이 꿈을 위해 학생이 했던 다양한 영역에서의 활동과 경험, 그리고 학습경험을 말한다.

3

국제중/자율중 자기소개서 작성 규칙 및 가이드

- 자기소개서는 입학 전형에 사용되는 중요한 자료로 반드시 본인이 작성해야 한다.
- 사실에 따라 정직하게 지원 동기, 학습 계획, 활동 계획, 진로 계획, 인성에 대한 내용을 구체적으로 작성해야 한다.
- 자기소개서의 대리 작성, 허위 작성 또는 표절이 발견되면 차후에도 입학 취소 등의 불이익이 발생할 수 있으니 주의해야 한다.
- 학교별 감점 처리 사항을 확인하고 작성해야 한다.
  - 지원자를 특정하거나 유추할 수 있는 정보(이름, 출신 학교, 형제자매, 지역명 등의 인적 사항)
  - 영재교육원이나 사설학원과 같은 구체적인 기관, 상호, 교사명 언급
  - 논문(학회지) 등재, 도서 출간, 각종 경시대회 참여 사실과 입상 실적
  - 장학생 및 장학금 관련 내용

- 부모와 친인척의 구체적인 직장명이나 직위 등 사회·문화·경제적 지위를 유추할 수 있는 활동이나 내용
- 영어, 수학, 과학 등 각종 인증시험 및 능력 시험 준비과정과 결과

• 반드시 학교가 제공한 서식을 이용해서 작성하고 서식을 변경하거나 초과하지 않아야 한다.
• 자필(워드) 작성을 확인하여 제출하며, 자필 작성의 경우 검정 볼펜이나 연필을 사용한다.

Chapter 2

작성

1

진로 설정/지원 동기

필자를 찾아오는 학생에게 가장 먼저 묻는 말이 있다.

“꿈이 뭐예요?”

분명히 명확하고 확고한 꿈을 지닌 학생도 있고, 두루뭉술하게 분야만 생각해 놓은 학생도 있으며, 아직 꿈을 정하지 못한 학생도 있을 것이다. 하지만 이 질문 없이 자기소개서 작성의 첫 단추는 끼워지지 않는다.

대부분의 학생과 학부모님들이 가지고 있는 오해는 특수중학교와 특목고등학교는 ‘공부 잘하는 학생’이 가는 학교라는 것이다. 공부 잘하는 아이들이 모이는 곳이 맞다. 그러나 전략적으로 생각해보면 학교가 원하는 학생은 ‘본교의 설립 목적에 맞는 학생’이다.

예를 들어, 외국어 고등학교의 지원 동기를 잘 쓰려면 외국어 고등학교 설립 목적, 즉 왜 외국어를 깊이 있게 공부하고 국제적 감각을 길러야 하는지 자기소개서와 면접을 통해 설득해야 하는데, 이 과정에서 필연적으로 '꿈'이 개입된다. 그렇기 때문에 입시를 준비할 때 첫 질문은 꿈이어야 하는 것이다.

국제중학교 또는 자율중학교를 지원한다면 지원 학교를 통해 자신이 배우고 얻을 수 있는 부분에 대한 명확한 이해가 있고, 그것이 진로 계획과 자연스럽게 연결되어야 한다. 또한 그 진로와 자기주도학습 경험은 유의미하게 연결되어야 한다. 진로 계획을 세우는 것은 본인의 관심사와 흥미에서 출발해야 한다.

구체적인 진로가 정해졌다면 그 분야를 적극적으로 탐색해보고 관련 이슈, 뉴스에 관심을 갖고 관련 서적을 읽어보는 등의 노력을 기울여야 한다. 그리고 진로에 어떤 자질 또는 학습이 필요한지 알았다면 자기주도학습 내용으로 적극적으로 끌어들여 자기소개서에 풍부하게 드러낼 수 있어야 한다.

인공지능에 관심이 있다.
프로그래밍하고 앱을 만들어 본다.
관련 서적을 찾고 읽어보며 신기술을 찾아본다.
앞으로 하고 싶은 기술이나 분야에 대한 청사진을 그려본다.
이를 통해 사회에 어떤 기여를 할 수 있을지 생각해본다.

이런 정도의 진로 계획과 자기주도학습이 이어져야 하는 것이다. 꿈, 그리고 진로가 특수중학교와 특목고등학교 준비의 시작인 이유다.

2

입학 후 학습 계획과 진로 계획

꿈(진로)과 끼(흥미, 잘하는 분야)를 살린 나의 진로 계획은 어떻게 작성해야 할까?

1. 흥미 있는 일과 관련된 직업 탐색하기

진로 계획을 작성하기 전, 먼저 진로를 정해야 한다. 아직 초등학생이라서, 아직 중학생이라서 진로를 선택하지 못했을 수도 있다. 그러나 많은 학생들을 만나 이야기를 나누나 보면 구체적이지 못할 뿐이지, 이미 마음 속에 희망 직업 하나쯤은 품고 있다.

진로 계획이라는 것이 꼭 직업으로 연결될 필요는 없지만 자기소개서의 질문과 같이 구체적으로 기술해야 한다면, 그 진로가 직업으로 표현될 때 더욱 명확한 대답을 할 수 있다.

최근 한 학생에게 꿈을 물어봤다. 별과 우주를 사랑하는 그 친구는 '밤에 별을 바라보는 삶'이라는 아름다운 대답을 해주었다. '밤에 별을 바라보는 삶'은 누구나 살 수 있지만, 그 정도의 애정과 호기심으로 별을 바라보는 사람이라면 '천문학자'라는 진로가 천직으로 느껴질 것이다.

이처럼 자신의 흥미 분야와 관련된 특정 직업을 알고 있거나 찾았다면 그 직업에 대해 적극적으로 탐색하는 게 중요하다.

아직 경험치나 행동반경이 넓지 않은 아이들에게 부모님, 선생님 등 멘토 역할이 큰 도움이 된다. 진로 탐색으로 여러 웹사이트의 도움을 받는 것도 좋다.

진로 계획 참고 사이트

사이트주소	진로 & 직업 탐색 프로그램
www.career.go.kr	진로정보망 커리어넷
www.career.go.kr/jr/	주니어 커리어넷
www.work.go.kr	워크넷(직업 진로 홈)
www.academyinfo.go.kr	대학알리미(대학교 학과 정보)
www.haja.net	하자센터(진로 체험 프로그램)
www.ssro.net	시립청소년미디어센터(미디어 체험 프로그램)
www.mizy.net	서울시립청소년문화교류센터(국제 활동 설명회)
www.wiset.or.kr	한국여성과학기술인육성재단(멘토링 지원)
www.mofa.go.kr	대한민국 외교부(견학 프로그램)
www.youth.go.kr/iye/index.do	청소년국제교류네트워크

www.aerospacemuseum.or.kr	한국항공대학교 항공우주박물관
www.meca.or.kr	언론인-미디어교육 플랫폼
www.majormap.net	AI 기반 맞춤형 진로 서비스
www.onldo.kr	진로 메타버스 섬(진로 직업 정보, 학과 탐색 프로그램)

2. 다른 자소서 항목들과 진로와의 연계성 만들기

진로 계획 항목이라고 해서 뜬금없이 "저는 진로를 천문학자로 정했습니다"라는 내용이 나온다면 좋은 글이 될 수 없다.

자기소개서의 지원 동기, 입학 후 활동 계획, 졸업 후 진로 계획, 자기주도학습 과정은 큰 의미에서 '나의 진로'와 긴밀하게 연관되어 통일성 있게 작성해야 한다.

[예시]

국제관계 전문가를 꿈꾸는 나에게 ○○국제중의 몰입형 언어 교육과 모의 유엔 등의 국제적 프로그램이 도움이 될 것이다. (지원 동기)

평소 CNN을 시청하며 영어 공부 및 세계정세에 대해 공부했다. (자기주도적 학습 과정)

졸업 후에는 미국 ○○대학교 국제관계학과에 입학하여 한미 관계 발전에 이바지하는 전문가로 성장하고 싶다. (졸업 후 진로 계획)

이것은 위의 예시와 같은 연관성을 말한다. 예시는 간략히 정리했지만 실제 글은 훨씬 구체적이어야 한다. 이처럼 지원 동기, 자기주도학습, 학교 활동 계획의 많은 부분이 진로와 귀결되거나 연관되어야 짜임새 있는 글이 된다.

물론 관심 분야가 넓고 다양한 학생들도 있다. 제너럴리스트라 불리는 이들의 장점은 관심과 경험의 폭이 상대적으로 넓고, 대체로 학업 성적도 고르며, 친구 관계도 원만한 편이다. 자기소개서에 본인의 관심 분야를 두서없이 여러 개 적는 것보다는 진로와 관련 있는 몇 개로 한정시키고, 그 소재를 풍부하게 만드는 편이 더욱 힘 있는 글이 될 것이다.

그렇다고 해서 무조건 진로만으로 내용을 채운 부자연스러운 글을 쓰라는 말은 아니다. 글감을 고를 때 모든 항목에서 고르게 '나의 꿈과 끼'로 연결된다면 적어도 '목표가 뚜렷하고 목표에 도달하는 방법을 구체적으로 알고 있는 지원자'라고 설득할 수 있다는 점을 강조하고 싶다.

"꿈은 변할 수 있다. 가능성은 클수록 좋다. 그러나 꿈을 이루기 위한 구체적인 방법을 그려본 사람과 그렇지 않은 사람은 차이가 크다."

결국 학교에서 진로 계획을 묻는 이유는 지원 학교에서 공부하고 싶은 그 열정을 보고 싶은 것이기도 하지만 진로 로드맵을 스스로 그려본 지원자를 가리고 싶은 이유이기도 하다. 한 번 진로 로드맵을 그려본 학생은 꿈이 바뀌어도 같은 방법으로 결론에 효율적으로 도달할 방법을 알고 있으니 말이다.

3

자기주도학습 과정 (꿈과 끼 영역)

'자기주도학습 경험 쌓기'

학부모님들이 많이 하는 질문이 "자기주도학습을 이미 하고 있어야 국제중/자율중에 지원할 수 있지 않은가?"라는 것이다. 물론 많은 지원자가 스스로 공부할 줄 아는 아이들이다.

그러나 학교와 학원 숙제를 시키지 않아도 스스로 한다고 해서 아이들이 반드시 질 좋은 자기주도학습을 하고 있다는 것은 아니다.

학교에서 말하는 자기주도학습의 정의는 다음과 같다.

학습자가 주체

자기주도학습은 학생이 주체가 되어 스스로 학습 과정을 끌어 나가는 학습 활동이다(서울특별시 교육청·교육과학기술부·한국교육개발원(2010), 〈내 공부의 내비게이션 자기주도학습〉). 즉 [계획 → 실천 → 평가 → 다음 학습에 반영]의 모든 과정을 의미한다. 언제, 어떤 공부를, 어떤 방법으로, 왜 할 것인지를 스스로 결정한다. 그리고 실천 후에는 자신의 공부를 되돌아보고 다음 공부에 반영하는 과정까지 포함된다.

자기주도학습 경험이 풍부한 아이들은 단순히 '스터디 플래너와 복습을 철저히 하는 습관'보다 더 할 이야기가 많다. 예를 들어, 과학동아리에서 로봇을 만들며 학습한 내용, 배운 점, 영어 통역 봉사활동에서 경험한 특별한 학습경험을 자기소개서에 녹여낼 수 있다.

자기주도학습에 대해 조금 더 자세하게 이야기해보자.

자기주도학습 경험은 '본인이 스스로 학습 계획을 세우고 학습해 온 과정과 그 과정에서 느꼈던 점'을 말한다.

학생들 특히 입시 면접에 도전하는 학생들은 대부분 학업에 대한 열정과 학문적 호기심을 가지고 있다. 그리고 다수가 이미 알게 모르게 자신이 주도적으로 학습을 계획하고 실행했던 경험이 있다.

교육부에서 정의하는 '자기주도학습 경험'

- 스스로 자신의 학습에 주도권을 갖는다.
- 자신의 학습목표를 설정한다.
- 학습에 필요한 인적, 물적 자원을 확보한다.
- 적합한 학습전략을 선택, 실행한다.
- 학습 결과를 스스로 평가하는 과정과 활동을 한다.

여기서 주목해야 할 단어들은 '스스로', '목표설정', '계획 수립', '학습 결과 평가' 등이다.

면접관들은 이를 토대로 지원자의 자기주도학습이 효과적이었는지를 판단하고 앞으로도 자신만의 프로세스로 스스로 공부해 나갈 수 있는지를 파악한다.

결국, 지원한 학교에서도 '자신만의 효과적인 학습 방법으로 지속성을 갖고 공부할 수 있는가?'를 묻는 것이다.

하버드 대학교 신입생들이 수강해야 한다는 'Learn to Learn' 과목 또한 자신에게 최적화된 학습법을 스스로 찾아내고자 하는 것이다.

학교는 이미 학년이 올라가거나 학습 과목이 바뀌어도, 어려운 문제에 직면해도 자기만의 학습 방법이 통한다는 것을 경험한 학생들은 무엇이든 잘 해낸다는 것을 알고 있기 때문이다.

그렇다면 자녀의 자기주도학습 경험을 어떻게 끌어내야 할까? 이것은 가장 막연하고 막막한 과제라고 생각한다.

첫 번째는 이미 했던 학업 활동을 생활기록부에 기재된 내용을 바탕으로 대화를 통해 '의미 있게' 상기시키는 방법이다. 세부 특기사항에 언급된 학습 내용을 대부분 기억하지 못하기 때문에 흥미로운 내용을 찾아 묻고 답하는 과정을 반복하면서 각 활동에서 무엇을 배웠고, 그것이 어떤 의미가 있었는지 함께하는 게 중요하다.

두 번째는 자기주도학습 계획을 설정하고 만들어 가는 과정이다. 진로와 성향을 고려하여 과목이나 동아리, 다양한 학습 방법을 탐구하고 연구해야 한다.

영어 독해 문제집을 일주일에 한 권씩 푸는 학습경험을 자기소개서에 쓰기에는 부족하다. 영어 연극 동아리에서 직접 대본을 쓰고 무대에 올린 경험, 구글 스콜라에서 진로와 관련된 영어 논문을 찾아 읽은 기억 등의 자기주도학습 경험이 더욱 설득력 있고 인상 깊은 지원자로 남게 될 것이다.

4

인성 영역

인성 영역에 대해 살펴보기 전에 먼저 생각해봐야 할 것은 '왜' 학생들의 인성을 평가하는가 하는 것이다. 자기주도학습 전형은 학생의 잠재력과 입학 이후의 성장 가능성을 평가하는 과정이다. 계획한 대로 학업을 이어 나가고 학업 이외의 학교생활을 잘할 수 있는지는 지원자의 인성이 결정한다. 특히 대부분의 국제중학교는 기숙 생활을 하기 때문에 면접관은 지원자가 단체생활에 얼마나 잘 적응할 수 있는지를 파악한다. 지원자의 핵심 인성 요소를 드러낼 수 있는 구체적인 소재를 찾아 배우고 느낀 점을 서술해야 한다.

양로원 봉사활동을 한 경우 '말동무가 되어드렸다', '목욕 봉사를 했다' 등 활동 내용만을 장황하게 서술하면 안 된다. 활동을 하게 된 계기, 목적을 구체적으로 기록하고, 그 활동을 통해 무엇을 느꼈는지 매우 구체적인 서술이 필요하다.

봉사활동뿐만 아니라 교내 체험 활동, 기타 본인이 자발적으로 했던 활동에서 배려, 나눔, 협력, 타인 존중, 규칙 준수 등 각각의 핵심 요소를 추출한 다음 그 핵심 요소에 대한 구체적인 사례를 제시하면 된다.

이 모든 글쓰기 과정에서 반드시 명심해야 할 것은 글 안의 논리 구성이 하나로 연결되어야 한다는 점이다. 가령, 본인의 꿈이 CEO라면 핵심 인성 요소는 협력이나 리더십임을 강조해야 자연스러운 연결이 가능해진다.

Chapter 3

완성

1

뼈대(시스템)

'뼈대' 작성 순서는 자기소개서 항목(꿈과 끼, 인성 영역)이 전체 1,500자 내외, 다시 말해 워드 파일로 A4 한 장 분량에 자신의 모든 경험과 역량, 비전을 담아야 하기 때문에 그 내용이 논리적으로 자연스럽도록 순서에 맞는 작성 과정을 따라야 한다.

1) 문항 분석

항목이 요구하는 내용을 분석해서 소재를 찾는다.

2) 영역별 소재 탐색

자신의 강점을 드러내는 소재를 브레인스토밍하여 그중 적절한 소재를 고른다.

3) 개요표 만들기

선택한 소재를 취합해 이리저리 배열해보고 가장 효과적이고 논리적인 구성을 찾는다.

4) 개요에서 문장으로

서론, 본론, 결론이 명확하도록 개요를 짠다.

서론에서는 주제(하고자 하는 주장)를 명확히 제시하고, 본론에서는 논지를 흐리지 않게 주장에 일관성 있는 생각과 경험 속에서 적절한 예시를 찾아 작성한다. 타당성 있는 논거로는 책, 기사, 통계자료 같은 객관적 사실 활용도 좋고, 관련 분야 전문가의 의견이나 이미 인정된 이론을 사용하면 상대를 설득할 수 있는 글 작성이 쉬워진다. 혼자 알고 있거나 지극히 주관적인 생각은 공감을 주기 어렵다.

결론은 서술했던 글을 명료하게 요약하고, 앞으로의 비전과 전망을 제시하면 된다. 서론, 본론의 내용과 조화를 이루며, 서론에서 제시한 주장을 근거한 미래 발전 가능성에 대해 시사한다.

5) 1차 초안

문장으로서의 글을 만드는 단계이다.

하고 싶은 말이 무엇인지 정확히 정리하고 중심 생각과 주제를 두괄식 구조로 써 내려간다.

6) 리뷰 및 수정

여러 사람에게 읽게 해서 적절한 소재인지, 이야기는 논리적이고 또한 매력적인지 검토해보는 게 좋다.

자기소개서는 구술면접과 이어지기 때문에 나만의 문장으로 여러 번 고쳐 스토리를 작성해본다.

7) 퇴고

글을 읽는 사람의 입장에서 문제가 되는 부분이나 모호한 부분 그리고 논리적 오류를 점검하고 논거가 분명하게 제시되었는지 다시 한번 검토하는 것이 중요하다.

또한 기승전결이 자연스럽고 논리적으로 연결되며 글의 원인과 결과가 유기적으로 잘 연결되는지 반복적으로 체크해야 한다. 수차례 리뷰를 거쳐 자기소개서가 완성되면 꼭 워드프로세서 등의 프로그램을 이용해 맞춤법과 띄어쓰기를 검토한다.

2

내용(콘텐츠)

영역별 문항에 맞는 자신의 경험과 인성을 표현해야 한다. 자기소개서는 크게 두 영역으로 나뉘는데 자기주도학습 영역과 인성 영역이다.

자기주도학습 영역은 지원 동기와 진로 계획, 자기주도학습으로 나누어 학습을 위해 주도적으로 수행한 목표 설정, 계획, 학습, 결과 평가까지의 전 과정을 잘 나타낼 수 있도록 작성한다. 그리고 인성 영역은 봉사 체험 활동을 포함한 배려, 나눔, 협력, 타인 존중, 규칙 준수 등에 대한 초등학교 활동 실적과 배우고 느낌 점에 대해 진실하게 작성하면 된다.

자기소개서에 제시되는 모든 이야기는 반드시 논리적으로 증명될 수 있어야 한다. 이 부분이 연습 되면 자기소개서뿐만 아니라 면접에서의 답변, 학교에서의 토론 수업에서 자기만의 강점을 가질 수 있다.

글감 모으기 → 초안 작성하기 → 첨삭 및 수정

논리적으로 증명될 수 있는 이야기의 흐름을 만들기 위해서 내용의 작성은 위와 같은 순서로 진행한다.

1. 지원 동기와 진로 계획 작성법

지원 동기와 입학 후 활동 계획 및 진로 계획에 대한 작성법은 다음과 같다.

지원 학교의 특징을 살펴보고 왜 해당 학교에 지원하게 됐는지를 자신의 진로, 강점과 연결해 논리적인 글을 써본다. 왜 일반중학교가 아닌 국제중 또는 자율중학교에 입학하고 싶은지를 학교가 제공하는 특장점과 본인의 학업 또는 진로 비전과 연관 지어 설명한다.

- 왜 국제중학교에서 공부하고자 하는지, 자신의 미래 진로에 대한 포부를 밝히고 그 이유를 설명해야 한다.
- 비전, 꿈을 분명하게 알고 이해해야 한다. 앞으로 자신의 꿈을 어떻게 이룰지에 대해 확실한 로드맵이 그려져야 한다.
- 학교와 자신의 꿈을 연결해 구체적으로 국제중학교에서의 3년이 그 꿈을 달성하는 데 어떤 역할을 할지 설명한다. 이후 자신이 학교에 어떻게 기여할 수 있는지를 덧붙인다면 더 좋다.
- 학업 계획이 장래 진로(꿈, 목표)와 연계성을 가지고 있다는 점을 구체적인 예시 및 경험을 들어 서술한다.

예를 들어, 본인의 진로 계획이 외교관이라면, 국제중학교의 교육 이념 중 하나인 '글로벌 리더 전문교육'과 영어 토론 수업이 지원 동기가 될 수 있다. 학교에서 이뤄지는 영어 토론 수업 같은 실질적인 예를 들어 구체적인 진로 계획을 설정해야 한다.

[예시 1]

'사람들의 삶에 도움을 줄 수 있는 경제학자의 꿈을 키워 나가고 있습니다.' (진로 계획)

'경제학자가 되기 위해 세계 각국의 경제정책과 흐름을 분석하기 위한 통합적 역량이 요구됩니다.' (연결고리)

'청심국제중학교의 영어 기반 프로젝트와 토론 수업 등은 제 꿈을 이루기 위한 글로벌 소통 능력을 키워 나가기에 최고의 학교라고 생각합니다.' (실질적인 예)

〈해설〉

경제학자가 되기 위해 필요한 역량인 글로벌 소통 능력을 청심국제중학교의 교육 방식과 연결했다.

[예시 2]

'생물 다양성 조사를 통해 생물학자라는 꿈을 꾸게 되었습니다.' (진로 계획)

'화산중학교는 배움을 즐거워하는 저에게 가장 충실하게 공부할 수 있도록 도와주는 학교라고 생각합니다. 화산중학교의 각종 발표 수업과 토론 수업으로 학문을 깊이 있게 배우고 싶습니다. 또한 다양한 동아리 활동을 통해 친구들과 함께 탐구 정신을 기를 것입니다. 무엇보다 모의 유엔, 토론대회, 육상대회, 유도 승단 심사 등은 제가 꼭 참여해보고 싶은 활동입니다. 매일 아침 시간에 운동장 돌기로 건강한 신체를 단련하는 것도 정말 매력적이라 생각합니다. 저는 화산중학교에서 건강한 정신과 신체를 가지고 이 세상에 도움이 되는 한 사람으로 성장하고 싶습니다.' (실질적인 예)

'화산중학교에서의 충실한 과정을 통해 인류의 미래에 긍정적인 영향을 끼치는 생물학자가 되고 싶습니다. 생명체와 인간이 보다 안전하고 풍요롭게 살 수 있는 환경을 만들기 위해 연구하고, 인류의 생존에 대해 끊임없이 고민하는 학자가 되겠습니다.' (연결고리)

〈해설〉

생물학자가 되기 위해 필요한 학문적 깊이와 자신의 흥미를 화산중학교의 교육 방식, 다양한 활동들과 연결했다.

[예시 3]

'저는 우리 사회의 문제를 많은 사람들에게 알리는 아나운서가 되고 싶습니다.' (진로 계획)

'저는 《핵폭발 뒤 최후의 아이들》이라는 책을 통해 한 나라의 문제는 곧 세계로 뻗어 나갈 수 있다는 것을 알았습니다. 여러 나라가 자국의 이익을 위해 전쟁 무기를 만들고 사용하면 이후 수많은 희생이 뒤따를 수 있다는 것을 깨달았고, 전쟁이나 경제 위기 등 지금의 국제 문제들 또한 여러 나라가 함께 논의하여 평화적으로 해결해 나가야 한다는 생각이 들었습니다.' (연결고리)

'청심국제중학교에서 이와 관련된 주제로 친구들과 토론하며 생각을 공유하고 제 사고의 폭을 넓혀 나가고 싶습니다. 또한 청심국제중학교에는 일반 교과과정과 더불어 제가 원하는 분야를 선택해 공부할 수 있는 '자율 활동 시간'이 있다는 점이 저에게 매력적이었습니다. 앞으로 저는 청심국제중학교에서 한국어와 영어 외에도 다양한 언어를 자유자재로 사용할 수 있게 공부하며 세계의 문제를 심도 있게 알릴 수 있는 아나운서가 될 것입니다.' (실질적인 예)

〈해설〉

아나운서가 되기 위해 필요한 역량인 소통과 언어능력을 청심국제중학교의 '자율 활동 시간'과 국제중학교의 언어 특화라는 특징을 연결했다.

[예시 4]

'그래서 과학 전문기자가 되어 과학 뉴스를 쉽고 정확하게 전달하고 싶다고 생각했습니다.' (진로 계획)

'화산중학교에 입학하여 다양한 과목에서 토론식 수업을 해보고 싶습니다. 한 주제에 대해서 다양한 시각으로 접근하고, 멘토-멘티 형식으로 서로 설명해주며 흥미와 이해를 끌어내고 싶습니다. 최근 뉴스를 통해 화산중학교의 학생들이 우주 풍선을 띄워 성층권 탐사를 했다는 이야기를 접하였습니다.' (실질적인 예)

'저도 이러한 탐구에 참여하고, 이를 다시 친구들과 나누는 경험에 꼭 참여하여 탐구 결과를 친구들에게 쉽고 정확하게 전달함으로써 경험을 공유하고 싶습니다.' (연결고리)

〈해설〉

과학 전문기자가 되기 위해 필요한 역량인 전달력과 과학 지식을 화산중학교의 교육 방식, 동아리 활동과 연결했다.

[예시 5]

'피해자들을 위로해줄 수 있는 변호사가 되고자 다짐했습니다.' (진로 계획)

'그 후, 《정의란 무엇인가》를 통해 변호사로서 알아야 할 정의를 고민해보면서, 국제적인 사례들을 더 알아보고 싶다고 생각했습니다.' (연결고리)

'국제법을 이용해 소송하는 변호사가 되기 위해서는 청심국제중학교의 국제적인 커리큘럼이 꼭 필요합니다. 또한 ACG 교육 이념 중 하나인 이타적 품성이 변호사의 소양을 갖출 수 있게 해준다는 생각이 들었습니다.' (실질적인 예)

〈해설〉

변호사가 되기 위해 필요한 역량인 이타적 품성과 언어적 능력을 청심국제중학교의 특성, 교육 이념과 연결했다.

[예시 6]

'이런 저의 다짐은 외교관이라는 꿈으로 인도해주었습니다.' (진로 계획)

'또한 외교관은 대한민국을 대표해 국가와 우리나라 국민을 위해 일하는 사람으로 거기에 맞는 능력뿐 아니라 마음가짐도 중요하다는 걸 다시 한번 느낄 수 있었습니다.' (연결고리)

'이런 꿈을 이루는 데 화산중학교의 21세기를 끌어 나갈 글로벌 지도자 육성이라는 교육 목표는 저에게 꼭 필요하다고 생각합니다. 꾸준한 발표와 토론 수업을 통해 외교관에게 꼭 필요한 타당성 있는 근거와 함께 논리적으로 말하는 능력을 키울 수 있기를 기대합니다. 또한 규칙적인 생활 습관은 물론이며, 다양한 친구들을 만나 교류함으로써 대인관계 기술을 배울 수 있고 배려심을 키울 수 있는 기숙사 생활을 통해 이타심 있는 사람으로 성장해 나가고 싶습니다.' (실질적인 예)

〈해설〉

외교관이 되기 위해 필요한 역량인 논리적 말하기와 대인관계 기술을 화산중학교의 교육 목표와 교육 방식, 기숙사 생활과 연결했다.

[예시 7]

'5학년 수업 시간에 6·25 전쟁 당시 공군의 활약을 배우면서 동경을 넘어서 저 역시 공군으로 나라를 지키는 사람이 되겠다는 확실한 목표를 세우게 되었습니다.' (진로 계획)

'저의 굳건한 의지만큼 화산중학교에 지원한 다른 친구들 역시 꿈에 관해 굳건한 뜻을 가졌을 거라고 생각합니다. 확실한 목표를 가진 친구들과 함께 공부하면서 동기부여를 받고 더욱 제가 가고자 하는 길에 집중할 수 있을 거라 생각됩니다. 또한 기숙사 생활과 자기주도학습 시간을 활용하여 주도성, 책임감, 단결력, 협동심 등 제 꿈을 이루기 위해 필요한 역량을 쌓아가고 싶습니다.' (실질적인 예)

'화산중학교에서 친구들과 토론하고, 공부하며 쌓아가는 행복한 기억들은 다시 한번 소중한 사람들을 위해 헌신하고자 하는 마음을 확고하게 다지는 시간이 될 것입니다.' (연결고리)

〈해설〉

공군이 되기 위해 필요한 역량인 주도성, 책임감, 단결력, 협동심과 헌신하는 마음을 화산중학교의 자기주도학습 시간, 기숙사 생활과 연결했다.

[예시 8]

'그래서 저는 직접 특수동물 수의사가 되어 더 이상 동물들과 그 가족들이 질병에 고통받지 않는 세상을 만들고 싶다고 다짐했습니다.' (진로 계획)

'특수동물 수의사는 파충류와 설치류를 비롯한 반려동물부터 야생동물까지 다양한 동물을 치료하는 의사를 말합니다. 광범위한 종의 신체를 이해하고 이에 알맞은 치료법을 제공할 수 있는 깊은 지식이 필요합니다.' (연결고리)

'화산중학교에서 보내는 3년은 제가 많은 양의 공부를 흡수할 수 있도록 몰입된 환경을 제공해줄 것입니다. 자연 친화적인 학교 환경에서 머무르며 다양한 생물들을 접하고 공부하겠습니다. 그리고 공부한 지식을 친구들과 적극적으로 토론하면서 미래의 특수동물 수의사로서 친절하게 진단하고, 설명하는 태도를 배워 나가겠습니 다.' (실질적인 예)

〈해설〉

수의사가 되기 위해 필요한 역량인 생물에 관한 깊은 지식과 이타심을 청심국제중학교의 교내 환경, 교육 방식과 연결했다.

[예시 9]

'저는 뇌과학 작가가 되어 흥미로운 글로 인간의 행동과 과학적인 사실을 연결하는 작업을 하고 싶습니다.' (진로 계획)

'뇌과학 분야의 작가가 되기 위해서는 먼저 많은 정보를 접하고, 습득한 지식을 다른 사람들과 공유하는 연습이 필요합니다.' (연결고리)

'화산중학교에서의 공부 과정은 분명히 이러한 꿈의 발판을 마련하는 데 도움을 줄 것이라 생각합니다. 다양한 과학 실험을 하고 친구들과 과학 현상에 대한 내용을 심도 있게 토론해보고 싶습니다. 또한 다양한 언어로 글을 접하고 제 생각을 정리해 나가는 연습을 하고 싶습니다. 화산중학교에서 끊임없이 경험하여 영향력 있는 뇌과학 작가가 되고 싶습니다.' (실질적인 예)

〈해설〉

뇌과학 작가가 되기 위해 필요한 역량인 전문 지식과 소통 능력을 화산중학교의 교육 방식과 연결했다.

[예시 10]

'저는 원자력발전과 방사능 관리에 대한 연구를 이끄는 사람이 되고자 합니다.' (진로 계획)

'방사능 사고에 대해 고민하는 과정에서 한 사건의 원인을 분석하려면 다각도의 관찰이 필요함을 알게 되었습니다. 저는 책을 통해 얻은 지식을 친구들과 토론하고 전문가들에게 질문해보며 이를 실천했습니다.' (연결고리)

'화산중학교는 다양한 과학 실습을 통해 과학 원리를 이해할 수 있도록 하며, 셀반과 같은 이공학 동아리에서는 전문적인 과학 지식을 습득하고 토론할 수 있습니다. 다양한 지역에서 모인 친구들과 생활하며 각자의 관심 분야에서 토론하며 다각도의 사고를 할 수 있기를 기대합니다.' (실질적인 예)

〈해설〉

방사능 관리 연구원이 되기 위해 필요한 역량인 다각도의 관찰과 자신이 가진 장점인 적극적인 학업 태도를 화산중학교의 교육 방식과 동아리 활동, 기숙사 생활과 연결했다.

[예시 11]

'저는 이러한 생각을 확장하여 국가 간의 문화 교류를 주선하고 한국의 중요성을 알리는 문화 외교관이 되고 싶습니다.' (진로 계획)

'특히 Freeday와 같은 공약을 실천하면서 어려움에 부딪혔을 때, 직접 선생님들께 편지를 쓰고 적극적으로 설득하고자 하였던 저의 자세는 외교관이 되어 다른 나라 사람들과 소통할 때 큰 장점으로 발휘될 것입니다.' (연결고리)

'청심국제중학교에 입학하면 이러한 소통 활동을 지속하며 발전하고 싶습니다. 다양한 언어를 통해 사람들의 마음을 움직이는 말하기를 연습하며 VANK 동아리에 들어가 우리나라에 대한 역사와 문화를 널리 알리는 활동을 하고 싶습니다. 최근 중국과 우리나라의 문화 갈등 사례를 보고 잘못된 점을 바로잡고자 역사를 공부하고 공부한 내용을 영어로 설명하는 영상을 유튜브에 올린 적이 있습니다. 정확한 내용을 전달하기 위해 많은 내용을 고민한 기억이 납니다. 이러한 경험을 이어서 청심국제중학교의 모의 유엔 대회에서 나의 생각을 여러 언어로 명확하게 말하는 연습을 하고 싶습니다.' (실질적인 예)

〈해설〉

외교관이 되기 위해 필요한 역량인 소통과 자신이 가진 장점인 적극적인 학업 태도를 청심국제중학교의 동아리, 모의 유엔 대회와 연결했다.

[예시 12]

'어렸을 때부터 로봇과 코딩에 관심이 많았던 저는 자연스럽게 웹 개발자의 꿈을 가지게 되었습니다.' (진로 계획)

'또한 저는 한 번 궁금증이 생기면 끝까지 파고들어 원인을 찾고, 그 과정에서 만나는 수많은 문제를 여러 가지 방법을 시도해서 해결해 나가며 하루하루 성장하고 있습니다. 가령 …… (후략).' (연결고리)

'이와 같이 스스로 문제를 해결할 줄 알고, 목표가 뚜렷한 저는 화산중학교에서의 탄탄한 교육 커리큘럼, 코딩 관련 동아리 활동, 3D 프린터 경험 등을 통해 제가 원하는 목표에 다다를 수 있게 보다 빠르게 성장하고자 화산중학교에 지원하게 되었습니다.' (실질적인 예)

〈해설〉

웹 개발자가 되기 위해 필요한 역량인 코딩 능력 등과 자신이 가진 장점인 끈질긴 학업 태도, 자기 주도적 학업 태도를 화산중학교의 교육 방식, 동아리 활동과 연결했다.

[예시 13]

'우연히 시청한 변호사 관련 다큐멘터리는 제 꿈의 시작이었습니다.' (진로 계획)

'변호사가 되기 위해서는 굳은 의지로 오랜 시간 동안 끈기 있게 전문 지식을 공부해야 한다는 점을 알 수 있었습니다. 뿐만 아니라 올바른 인성을 갖추어 억울한 이들의 어려움을 풀어줄 수 있어야 합니다.' (연결고리)

'화산중학교는 남을 배려할 줄 알며 자기주도학습을 통해 자율성을 갖추는 인재를 육성한다고 들었습니다. 저의 꿈을 이루기 위한 인성과 실력을 모두 키울 수 있는 곳이라고 생각됩니다. 화산중학교에서의 배움은 학업 시간에 끝나지 않고, 기숙사 생활을 통해 함께하는 삶에서의 깨달음으로 이어질 것이라고 기대하고 있습니다. 또한 적극적인 자기주도학습을 통하여 스스로 답을 찾기 위해 노력하고 싶습니다.' (실질적인 예)

〈해설〉

변호사가 되기 위해 필요한 역량인 인성과 자신이 가진 장점인 적극적인 학습 태도를 화산중학교의 인재상, 기숙사 생활과 연결했다.

[예시 14]

'저는 공간디자이너가 되고 싶습니다.' (진로 계획)

'세상의 흐름에 발맞출 수 있는 디자이너가 되기 위해서 미적 감각과 창의력, 그리고 세계인과 소통하기 위한 영어 능력이 필수라고 생각합니다.' (연결고리)

'저는 청심국제중학교에 입학하여 영어뿐만 아니라 일본어와 스페인어 등 다양한 언어를 배우며 언어적 능력을 함양하고 싶습니다. 또한 모의 유엔과 같은 동아리 활동을 통해 사회문제와 글로벌 이슈에 대한 토론 활동을 하며, 보다 다각적이고 넓은 안목을 갖고 싶습니다. 기숙사 생활에서도 공동체 의식과 이타심을 갖고 친구들과 배려하며 즐거운 학창 시절을 만들어 나가고 싶습니다.' (실질적인 예)

〈해설〉

공간 디자이너가 되기 위해 필요한 역량인 언어적 능력과 넓은 안목, 자신이 갖고자 하는 이타심을 청심국제중학교의 특성, 교육 방식, 모의 유엔, 기숙사 생활과 연결했다.

[예시 1]~[예시 9]도 좋은 진로 계획이지만 [예시 10]~[예시 14]의 사례가 더 매력적이다. [예시 1]~[예시 9]는 자신의 진로를 이루기 위한 역량과 학교의 특성을 연결하였고, [예시 10]~[예시 14]는 이에 더해 자신의 흥미 또는 장점과 학교의 특성을 연결하였기 때문이다. 스스로를 어필

할 수 있는 기회를 놓치지 않고 사용하는 게 중요하다.

2. 자기주도학습 작성법

자기주도학습 과정에 대한 서술은 자기소개서에서 가장 중요한 부분이라고 할 수 있다.

자기주도학습의 전 과정과 그 과정(동아리 활동, 특별활동 포함)을 지나면서 느낀 점, 그것이 본인의 꿈과 끼에 어떻게 영향을 끼쳤나에 대한 이야기를 기록한다.

이것은 스스로 학습 계획을 세우고 그 결과를 평가해온 과정으로, 선생님 또는 부모님에게 도움을 받았더라도 본인이 주도적으로 연구 주제를 가지고 탐구, 학습했다면 이 또한 자기주도학습에 해당된다. 자신의 문제점을 파악해 역량을 기를 수 있었던 효과적인 방법과 그 과정을 통해 성장하고 발전한 점과 느낀 점을 구체적이고 논리적으로 써본다.

이때 진로 관련 분야(과목이나 활동)가 구체적으로 명시되어야 하고, 학업 또는 활동의 어려움을 어떻게 주도적으로 극복하였는지, 그 일련의 과정을 통해 느낀 점, 향후 보완 사항을 기술하면 된다. 학업 활동은 교내 활동에서 이루어진 활동을 확장하는 방법과, 개인적인 학업에서 마주한 어려움을 극복하는 방법 두 가지로 서술할 수 있다.

- 간결하면서도 구체적으로 학습 경험이 지금 그리고 미래의 '나'를 어떻게 만들 것인지를 작성한다.
- 자신만의 효과적인 자기주도학습법이 있다면 소개하고 학습법 및 예

를 구체적으로 제시하여 설명한다.

- 중학교 졸업 후의 진로 목표를 위해 어떻게 노력할지 일관성 있게 작성하도록 한다.

[자기주도학습 경험 항목 작성 순서]

① 학습 과정의 계기와 목표를 설정한다. 이를 위해서 자신의 진로에 대한 확고한 비전을 세운다.

만약 스티븐 호킹이 롤 모델이고 물리학자가 꿈인 학생이 있다면, 해당 진로를 위해 필요한 능력이 무엇이고 지금껏 그 능력을 어떻게 키웠는지를 살펴보며 글감을 만든다. 억지로 짜 맞출 필요는 없지만 꿈과 비전이 명확한 학생들은 보통 관심 분야를 적극적으로 탐색하는 경우가 대부분이다.

② 학습 계획의 실천 방법을 구체적인 예를 들어 서술한다.

한 학생의 예를 들어 설명해보기로 하자. 물리학자가 꿈인 이 친구의 학습 계획은 교과목인 물리 과목을 어떻게 공부했는지가 아니다. 과학잡지나 블랙홀 관련 서적을 읽으며 최신 정보를 파악하고, 롤 모델의 전기를 읽으며, 천문대에서 제공하는 교육 프로그램에 꾸준히 참여하는 등 스스로 꿈을 향해 노력했는지의 여부가 자기소개서에 드러나야 한다. 학습 방법을 기술할 때는 책의 제목이나 활동기간 등을 명시해 더욱 구체적으로 만드는 것이 좋다.

③ 학습 결과를 스스로 평가한 방법과 보완할 점을 찾도록 한다.

단순히 '뿌듯했다', '성취감을 얻을 수 있었다' 등의 느낀 점을 쓰는 것이 아니라 능력이 구체적인 수치로 판단할 수 있는 수준으로 향상되었다거나, 진로에 대해 확신을 가질 수 있었다거나, 취약점을 보완해서 자신감을 갖게 되었다는 등의 내용과 함께 지원 학교로 진학한 후에도 지속적으로 발전시켜 나갈 계획을 밝혀야 한다.

이러한 과정으로 글감(자기주도학습 경험)을 2~3개 정도 찾아본 후 가장 설득력 있고 능력 향상이 분명한 과목 또는 분야를 자기소개서에 포함시키면 된다.

다음은 생활기록부에 기재된 내용을 바탕으로, 이미 진행했던 학업 활동을 자기주도학습을 통해 확장해나간 사례로 학업에 대한 적극성을 보여주는 서술 방식이다.

[예시 1-1] 교과서와 다른 내용을 추가 학습을 통해 알게 된 경우

'우리나라의 계절과 기후에 대한 조사를 진행하고 발표함.' (생활기록부)

'5학년 과학 시간에는 우리나라의 계절과 기후에 대한 조사를 진행하였습니다. 그 중에서도 저는 거대한 공기덩어리일 뿐인 기단이 한 나라의 기후에 직접 영향을 미치게 되는 과정이 흥미로웠기에 이에 대해 조사를 하게 되었습니다. 우선, 교과서에 나온 기단의 종류를 분류하고 그 영향에 대한 내용들을 정리하였습니다. 그 후, 다양한 칼럼을 통해 양쯔강 기단에 대해 알게 되었습니다. 이전의 교과서에서는 기단의 종류로 분류되었지만, 현재는 그 위력이 약해 기단이라는 명칭이 없어지고 시베리아 기단의 변형으로 불린다는 사실을 알게 되었습니다.' (자기주도학습 내용)

'이 과정을 통해서 과학에서 용어와 현상이 어떻게 해석되고 변화되는지 알게 되었고, 교과서 밖의 내용을 알 수 있어서 재밌었습니다.' (느낀 점)

[예시 1-2] 새로운 사회적 개념을 추가 학습을 통해 알게 된 경우

'사회적 현상의 이유와 이에 따른 영향에 대해 발표함.' (생활기록부)

'사회 시간, 세계의 여러 나라를 발표하는 활동에서 우크라이나를 맡아, 최근 발생한 전쟁에 대해 조사해보았습니다. 그중 전쟁의 발발 이유와 전쟁으로 발생한 여러 가지 문제가 전쟁이라는 사회 현상에 대한 심각성을 와닿게 하기에 가장 효과적일 것 같아 이에 대해 정리하여 발표하였습니다. 조사 과정을 통해 전쟁으로 인한 폭력성이 대규모의 생태계 파괴로 이어지는 '에코사이드' 문제에 대해 알게 되었습니다. 물리적 공격으로 인해 파괴되는 생태계는 그 지역 동물들의 서식지를 빼앗고, 농지를 파괴시키며 이는 식량문제와 같은 심각한 문제들로 이어집니다. 기후변화뿐 아니라 인간의 행동을 통해 파괴되는 자연의 사례를 보면서 안타까움을 느꼈고, 저의 발표를 통해 학급에서나마 인간이 자연에 대해 가져야 할 책임에 관한 토론을 진행했습니다.' (자기주도학습 내용)

'이에 뿌듯함을 느꼈고 파괴된 자연을 복원시킬 방법에 대해 국제적인 토론이 필요하다고 생각했습니다.' (느낀 점)

[예시 1-3] 정보 습득과 전달 방식을 고민해본 경우

'캐나다에 대해 주제별로 발표함.' (생활기록부)

'학교 영어 시간에는 적극적으로 나서서 발표를 합니다. 얼마 전 조를 나누어 캐나다에 대해 주제별로 발표하게 되었습니다. 우리 조는 토론토의 관광지를 소개하기로 결정하고 리서치를 시작했습니다. 수많은 정보가 쏟아졌는데 웹사이트마다 정보가 조금씩 달라서 토론토 공식 홈페이지를 주로 참고하기로 했습니다. Explore & Enjoy 메뉴에서 가볼 만한 곳을 찾고, 도시의 역사와 축제 등에 대해 정리하여 발표했습니다. 여러 가지 내용을 간결하게 PPT로 정리하기 위해 노력했고, 스크립트에 흔한 sad라는 단어보다는 gloomy같이 분위기를 표현할 수 있는 단어를 사용했습니다. 인터넷에서 Attention Grabber를 검색해 발표 중간중간 주의를 집중시키려고 노력했습니다.' (자기주도학습 내용)

'짧은 발표 과제였지만 정확한 정보를 재미있게 전달하려고 많은 고민과 공부를 했

던 경험이었습니다.' (느낀 점)

[예시 1-4] 추가 학습을 통해 다양한 관점을 접하게 된 경우

'여러 관점으로 한 가지 현상을 바라본 경우를 발표함.' (생활기록부)

'올해 초 전국적으로 포켓몬빵 대란이 일어났습니다. 세대를 아우르는 다양한 사람들이 포켓몬빵에 열광하는 이유는 무엇일까, 그 이유가 궁금했습니다. 언론은 포 켓몬빵의 대란을 추억 소환이라는 관점에서 바라보았습니다. MZ세대 중에서도 20대에서 30대가 어린 시절에는 조금밖에 사지 못했던 빵을 어른이 되어 더 많이 구매할 수 있게 되면서 커진 구매 욕구가 낳은 현상이라고 하였습니다. 포켓몬빵의 또 다른 논점은 품절 현상으로 인해 다양한 사회문제가 발생한다는 점이었습니다.' (자기주도학습 내용)

'편의점의 점주나 알바생들이 고객들의 항의 전화와 몸싸움 때문에 고통을 호소하고 있다는 것을 보면서 안타까운 마음이 들었습니다. 한편으로는 하나의 현상이 여러 관점으로 해석될 수 있음에 흥미를 느꼈고, 친구들과 토의해보고 싶어 이를 PPT로 제작하여 국어 시간에 발표를 진행하였습니다.' (느낀 점)

다음은 학업 활동에서 어려움을 마주했을 때 자기주도학습 계획을 설정하고 해결한 사례로 문제 해결 능력을 보여주는 서술 방식이다.

[예시 2-1] 어려움에 적극적으로 직면한 경우

'3학년 때 영어 과목이 어렵다고 느낀 적이 있습니다. 영어가 어려운 이유는 처음 보는 단어들을 암기하는 게 낯설고, 이를 실제로 활용하지 않아서 외운 단어들조차도 쉽게 잊힌다는 문제 때문이었습니다.' (직면한 어려움)

'그래서 저는 영어를 적극적으로 사용하기로 하였습니다. 먼저 영어책을 스스로 읽어보면서 영어에 대한 두려운 감정을 지워 나갔습니다. 그 후 영어 동아리에서는 뮤지컬 〈Beauty and the Beast〉의 주인공 Bell 역할에 지원해 대강당에서 영어로 연기를 펼쳤습니다.' (자기주도학습 내용)

'많은 사람들 앞에서 떨지 않기 위해 영어 대본을 수없이 읽어 나가면서 저는 영어 공부의 기쁨을 느꼈습니다.' (느낀 점)

[예시 2-2] 어려움을 실험 학습을 통해 극복한 경우

'5학년 때, 과학 시간에 한 가지 과학 현상에 대해 다양한 요인이 상호 작용하는 방식을 이해하는 데 어려움을 겪은 적이 있습니다. 이에 대해 선생님께 질문하여 곰팡이로 실험을 진행하게 되었습니다.' (직면한 어려움)

'18개의 빵을 가지고 6개씩 3그룹으로 나누어 세 곳의 다른 장소에서 습도에 따라 번식이 얼마나 다르게 진행되는지를 살폈습니다. 각각의 그룹 군에서도 절반은 물을 뿌리고, 나머지는 물을 뿌리지 않은 채로 두고, 한 그룹 안에서 각 3개의 구분은 밀봉하지 않은 것, 중간 상태로 밀봉한 것, 완전히 밀봉한 것으로 나눠서 실험을 진행하였습니다. 결과는 …… (후략)' (자기주도학습 내용)

'이 실험을 통해서 온도, 햇빛, 습도, 바람이 곰팡이가 서식하는 데 어떠한 영향을 미치는지 독립적으로 확인할 수 있었고, 앞으로도 어떤 결과에 영향을 미치는 요인이 무엇인지 분석하고자 할 때 이와 유사한 방법으로 결과를 확인할 수 있다는 점을 배울 수 있었습니다.' (느낀 점)

[예시 2-3] 어려움을 현장 학습과 독서를 통해 극복한 경우

'사회 시간, 유관순 열사에 대해 배웠습니다. 강인하게 자기의 소리를 낸 열사의 모습에 감사하고 존경스러운 마음이 들었습니다. 하지만 교과서 속 짧은 설명으로는 유관순 열사의 업적과 마음을 모두 알 수 없다는 생각이 들었습니다.' (직면한 어려움)

'서대문 형무소에 방문하여 직접 일제강점기의 현장을 관찰하였습니다. 독립운동가들의 고통을 직면하는 것은 너무나 끔찍하고 슬픈 일이었지만, 잊어서는 안 되는 역사라는 생각에 《잊혀진 영웅들, 독립운동가》, 《46인의 여성독립운동가 발자취를 찾아서》를 읽으며 위인들의 자세한 이야기를 더 알아보았습니다.' (자기주도학습 내용)

'이를 통해 역사적 사건은 교과서의 짧은 문구만으로는 다 알 수 없는 수많은 이야기를 담고 있다는 것을 알게 되었습니다. 역사는 현재를 비추는 거울이기에 앞으로도 적극적으로 궁금증을 해결하고, 더 깊이 공부하고자 다짐했습니다.' (느낀 점)

[예시 2-4] 어려움을 꾸준한 학습을 통해 극복한 경우

'《The House of the Scorpion》이라는 책이 기억에 많이 남습니다. 처음에 읽을 때는 모르는 단어가 많아 해석이 안 되어 읽는 속도가 붙지 않아 조바심이 났습니다. 결국 어느새 내용보다 진도에 집중하고 있는 저를 발견하였습니다.' (직면한 어려움)

'저는 하루에 한 챕터만 읽자는 목표를 세우고, 내용 자체에 집중하는 독서를 하기 위해 노력하였습니다. 모르는 단어를 노트에 정리하여 예시를 통해 뜻을 익히면서, 무작정 단어의 뜻을 외우기보다 자연스럽게 단어를 외웠을 때 이해도가 훨씬 높고 더 오래 기억에 남는다는 것을 경험했습니다.' (자기주도학습 내용)

'그런 다음 다시 책을 읽으면 훨씬 더 자연스럽게 책의 내용이 이해되어서 뿌듯했기에 이러한 독서 방법에 더욱 재미를 붙일 수 있었습니다.' (느낀 점)

그리고 항상 책을 통해 배운 내용은 블로그에 꾸준히 정리하고 있습니다. 영어 읽기에 자신감이 붙은 요즘은 CNN 기사를 읽으며 새롭게 알게 된 penetrate(관통하다), smear(더럽히다) 단어들을 노트에 정리하며 국제사회에 자주 나오는 단어들을 익히며 세계 이슈도 함께 확인하고 있습니다.' (보완 사항)

자기주도학습은 노력과 더불어 성실함을 보여줄 수 있는 항목이다. 수업 시간에 연장하여 추가 학습을 하거나, 주어진 과제를 남들보다 많은 고민을 통해 해결해 나가는 모습을 보여줄 수 있다. [예시 2-1]의 경우, 이러한 성실함에 대한 키워드가 없어서 아쉽다. 영어책을 어떻게 읽었는지, 꾸준히 읽었는지, 또는 영어로 연기하기 위해 어떻게 고군분투했는지의 내용이 포함되면 좋다.

또한 느낀 점은 성과를 포함하도록 한다. 특히 [예시 2-4]는 자기주도학습의 확장을 보여주는 사례로 자신의 학습에 대한 보완이 추가되어 있어 더 매력적이다. 자기주도학습과 그 성과가 있었다면 앞으로 어떻게 더 발전시킬지 고민해보는 것도 바람직하다.

3. 인성 영역 작성법

- 배려, 나눔, 협력, 타인 존중, 규칙 준수 외에도 자신을 표현할 수 있는 인성 요소를 포함시킨다.
- 봉사활동을 했다면 참여하게 된 계기를 서술하고, 구체적인 활동 내용을 상세하게 적는다. 이를 통해 느낀 점과 느낀 점을 통해 스스로 발전한 점을 기술해야 한다. 여기서 가장 중요한 포인트는 일회성 경험이 아니라 지속적인 활동이 설득력을 얻는다는 점이다.
- 팀을 조화롭게 이끌어 나갈 수 있는 배려와 협력의 리더십, 당장의 손해나 불편보다 사회와 어려운 이웃을 생각할 줄 아는 마음, 친구들 간의 갈등을 슬기롭게 극복하여 폭력(언어 폭력 포함)을 예방할 수 있는 갈등 관리 능력에 대한 내용을 기록한다.

[예시 1] 팀 활동의 성공적인 마무리를 통해 팀워크를 느낀 경우

'특별활동 시간에 연극을 통해 팀워크를 다져본 적이 있습니다. 전문 연극인이 대본을 쓰고, 무대를 만들고, 연기하는 법을 가르쳐주셨습니다.' (계기, 목적)

'저는 팀원들과 함께 한국전쟁 피난민에 대한 이야기를 직접 연극으로 만들었습니다. 극본을 쓰는 과정뿐만 아니라 무대에 올리는 과정 또한 팀워크가 요구되었습니다. 각자 다른 역할을 맡았지만 한 사람이 실수하면 다음 장면이 원활하게 이어지지 않기 때문에 한마음으로 완벽하게 해내기 위해 모든 조원이 노력했습니다. 모두 자신의 자리에서 열정을 다하고 동시에 서로의 역할을 이해하고 소통하였기 때문에 즐겁게 활동을 마무리할 수 있었습니다.' (활동 내용)

'가는 나뭇가지도 여러 개를 함께 잡으면 쉽게 부러지지 않는 것처럼 한뜻을 가진 여러 사람의 생각과 열정이 만드는 힘을 느낄 수 있었던 경험이었습니다.' (느낀 점)

[예시 2] 남을 도우면서 행복감을 깨달은 경우

'학교에서는 친구들에게나 학급에 꼭 필요한 사람이 되려고 노력합니다.' (계기, 목적)

'4학년 때 같은 반에 학습장애를 가진 친구의 학습 도우미를 자청했습니다. 수업 시간에 배운 내용을 정리한 노트를 나눠서 보고 기본적인 연산 원리를 가르쳐주었습니다.' (활동 내용)

'친구가 문제의 정답을 맞히면 내 일처럼 기뻤습니다. 남을 돕는 행복감을 깨닫게 되었습니다.' (느낀 점)

[예시 3] 리더십을 통해 규칙과 배려를 깨달은 경우

'5학년 수련회 때 팀원들과 같이 다녀야 한다는 미션 수행 규칙이 있었습니다. 하지만 시간이 다 되어 집합 장소로 이동할 때 몇몇 친구들이 팀을 빠져나와 개인행동을 하였으며, 화장실에 갈 때 팀원들은 뿔뿔이 흩어졌습니다. 저는 끝까지 남아서

친구들을 모두 챙겨 돌아왔습니다.' (활동 내용)

'친구들을 놓고 오는 게 마음에 걸렸고, 규칙을 지켜야 한다는 마음에 친구들과 함께 왔는데 친구들이 고마워하니 저도 뿌듯했습니다.' (계기, 목적)

'저는 이 사건을 통해 규칙의 중요성과 남을 도와주는 행동이 얼마나 중요한지 다시 한번 깨달았습니다.' (느낀 점)

[예시 4] 리더십을 통해 소통을 끌어낸 경우

'초등학교 때는 여러 번 학급 임원을 맡아 활동했습니다. 잔반 처리나 바닥 청소 등의 역할을 맡으며 리더는 주목받는 자리가 아니라 낮은 곳에서 희생할 줄 알아야 하는 자리라는 생각을 해왔습니다. 작년부터 온라인 수업이 지속되면서 학급 회의를 화상으로 하며 학급 일에 대해 토의했습니다. 반 전체 친구들이 온라인으로 만나 한 주제에 대해 대화를 해야 하니 처음에는 어수선하고 혼란스러웠습니다.' (계기, 목적)

'하지만 반장과 함께 회의 시간 10분 전에 화상 채팅으로 회의 매뉴얼을 만들어서 공지를 띄우고, 친구들에게 화상회의에서 무엇이 어려운지 의견을 듣고 개선하였습니다. 그 결과 친구들의 참여가 높아졌고, 학급을 잘 이끌 수 있었습니다.' (활동 내용)

'학급 임원을 하며 친구들과 함께 힘을 합하여 소통할 때 더 큰 시너지를 낼 수 있다는 것을 배웠습니다.' (느낀 점)

인성과 관련된 활동은 주로 한 가지 사건에 여러 가지 능력이 활용되기 마련이다. [예시 1]과 [예시 2]에 비해 [예시 3]과 [예시 4]에서 다양한 능력이 돋보이는 효과가 있다.

[예시 1]에서는 팀워크에서 자신이 특별히 리더십을 발휘한 부분이나

소통을 통해 갈등을 중재한 부분이, [예시 2]에서는 가르치는 데 있어서의 어려움을 극복한 방법이나, 학습장애에 대한 이해를 위해 자기주도학습 내용이 들어가면 경험이 더 풍부해 보이는 효과가 있을 것이다.

인성 영역은 사건을 통한 가치관의 변화를 확인하는 영역이다. [예시 3]의 경우 규칙을 더 잘 지키게 되고, [예시 4]의 경우 소통을 겸비한 리더십을 발휘하는 것이 그 예이다. [예시 1]과 [예시 2]의 경우 이러한 변화가 두드러지지 않아 아쉽다. [예시 1]은 혼자서 어려웠던 일을 함께 해낸 구체적인 사건이, [예시 2]는 남을 도와 자신에게도 도움이 된 구체적 예시가 들어간다면 이러한 변화를 더 잘 보여줄 수 있을 것이다.

3

자기소개서 작성표

1. 지원 동기와 진로 계획

1) 개요 짜기

서술형이 아닌 단답형으로 작성한다.

<table>
<tr><td rowspan="7">지원 동기</td><td rowspan="2">지원 학교의
장점</td><td>▷ 학교 교육 이념
▷ 특별활동
▷ 동아리 활동</td></tr>
<tr><td></td></tr>
<tr><td rowspan="2">나의 꿈</td><td>▷ 꿈을 가지게 된 계기
▷ 나의 롤 모델</td></tr>
<tr><td></td></tr>
<tr><td rowspan="2">입학 후
학업 계획</td><td>▷ 지원하는 학교에서 제공하는 특별한 커리큘럼 또는 활동과 연관 짓기</td></tr>
<tr><td></td></tr>
<tr><td>졸업 후
진로 계획</td><td></td></tr>
</table>

2) 완성하기(300자 내외)

같은 단어의 반복 사용을 살피고 원인과 결과, 주장에 대한 구체적인 예시 또는 근거가 들어가 있는지 확인한다. 논리적인 구조를 검토해보고 하고자 하는 말을 다 전달했는지 점검한다.

2. 자기주도학습

1) 글감 찾기

자기소개서상의 자기주도학습 글감을 찾기 위해서는 자신의 진로가 무엇인지부터 생각해봐야 한다. 진로, 필요한 능력(역량), 그 역량을 기르기 위해 노력한 학습 사례의 순서로 글감을 찾아본다.

과목	학습 방법	배운 점, 느낀 점

과목	학습 방법	배운 점, 느낀 점

2) 개요 짜기

서술형이 아닌 단답형으로 작성한다.

자기 주도 학습	서론 학습 과정의 계기 및 목표	▷ 취약 과목 또는 부분의 인식 ▷ 강한 흥미나 호기심 유발 ▷ 과목이나 개념에 대해 자신감을 확보한 계기
	본론 학습 과정의 선택과 실천	▷ 구체적인 학습 방법의 서술 시간 관리, 공간 관리, 교재 선택, 특정 매체 이용 등 실천 과정에서의 노력과 시행착오의 극복 등 ▷ 구체적인 학습 내용의 서술 강점을 갖게 된(극복한) 분야의 핵심 개념과 핵심 내용 등

	결론 학습 결과의 평가 및 보완	▷ 발전한 자신의 학습 태도나 지식, 느낀 점, 주변의 긍정적 평가 ▷ 더 보완할 내용, 태도, 지식(수상, 대회 명칭 제외) ▷ 중학교 진학 후 계획으로 연결

3) 완성하기(300자 내외)

같은 단어의 반복 사용을 체크하고 원인과 결과, 주장에 대한 구체적인 예시 또는 근거가 들어가 있는지 확인한다. 논리적인 구조를 검토해보고 하고자 하는 말을 다 전달했는지 점검한다.

3. 인성 영역

1) 글감 찾기

인성 영역의 글감을 찾기 위해서는 그 요소를 드러낼 수 있는 사례의 선정이 중요하다. 편하게 자신의 성격에 대해 생각해보고, 그렇게 생각하는 이유나 근거를 찾아본다.

2) 핵심 인성 요소

계기	활동 내용	배운 점, 느낀 점

계기	활동 내용	배운 점, 느낀 점

3) 완성하기(300자 내외)

같은 단어의 반복 사용을 체크하고 원인과 결과, 주장에 대한 구체적인 예시 또는 근거가 들어가 있는지 확인한다. 논리적인 구조를 검토해보고 하고자 하는 말을 다 전달했는지 점검한다.

Part 3

면접

Chapter 1 면접 준비
- 학교별 배점과 진행 방식

Chapter 2 면접 스피치

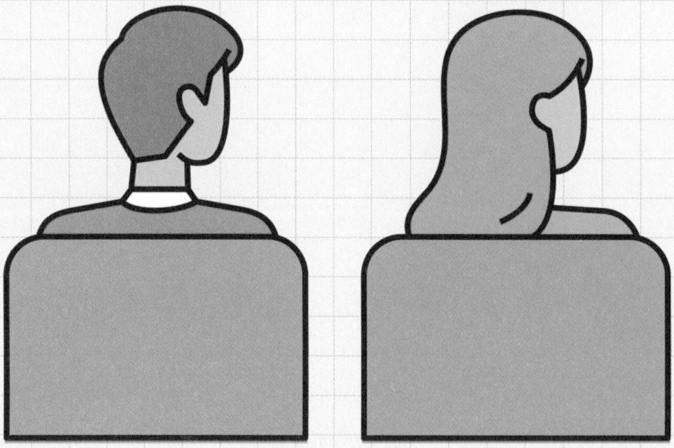

국제중/자율중
면접

Chapter 1

면접 준비
– 학교별 배점과 진행 방식

1

학교별 면접 배점

1. 청심국제중학교 면접 전형

지원자 전원을 대상으로 전산 추첨하여 전형별 모집 인원의 2배수를 선발 후 면접 전형으로 선발한다.

면접 배점

학교생활기록부와 자기소개서를 바탕으로 한다.

자기주도학습 영역	인성 영역	총합
25	15	40

※동점자 사정 기준(모든 전형 공통 적용)

- 자기주도학습 영역 점수 우수자
- 인성 영역 점수 우수자

위의 우선 순위 단계까지 적용해도 동점자가 생길 경우, 입학전형관리위원회의 결정에 따른다.

2. 화산중학교 면접 전형

특별전형 지원자를 제외한 일반, 유도 특기자, 정원 외 전형 전원을 대상으로 남녀 구분 면접을 진행한다.

문답식 개별 및 조별 면접이며 제출 서류(자기소개서, 학교생활기록부 등) 내용 확인과 사교육 또는 선행학습 유발 요인에 대한 평가는 배제된다.

면접 배점

인성	자기주도학습 능력	창의성	총점
20	20	20	60

※동점자 사정 기준

- 인성
- 자기주도학습 능력
- 창의성 평가의 고득점순으로 선발

3. 서울삼육중학교 면접 전형

1단계 전형에서 학업 적성검사(60점)와 자기소개서 작성(40점)을 통해 입학 정원의 1.5배수를 선발하며 선발된 인원을 대상으로 2단계 심층 면접이 진행된다.

면접은 1:1로 실시되며, 창의 융합 인재로의 발전 가능성과 학습 잠재력, 학습 태도, 사회성, 리더십, 도덕성, 인성 등을 평가한다.

1단계와 2단계 점수를 합한 점수로 최종 합격자가 선발된다.

면접 배점

일반전형	특별전형	
자기소개서 항목 종합 평가	자기소개서 항목 종합 평가	성경 서면 평가
50	50	20

4. 영선중학교 면접 전형

면접 문항 제시 → 답변, 제출 서류 근거 질문 → 답변의 문답식 면접으로 진행되며, 총 3명의 면접관이 개별면접으로 기본소양과 인성, 창의성을 평가한다.

창의성 항목은 16분으로 구상 시간 제공, 면접 소요 시간은 8분 내외로 진행되며, 면접 전형 시 교과 관련 지필고사 및 교과 지식 관련 질문은 하지 않는다.

면접 배점

기본 소양	창의성 평가	계
40	60	100

5. 용정중학교 면접 전형

1단계 서류전형으로 전형별, 남녀별 모집 정원의 3.5배수를 각각 선발하며, 2단계 전형은 학생 면접과 학생 건강 체력 평가를 실시한다.

면접은 개별 면접으로 실시되며, 학생 건강 체력 평가는 유연성(앉아 윗몸 앞으로 굽히기), 순발력(제자리멀리뛰기), 심폐 지구력(15m 왕복 오래달리기)을 평가한다.

평가 항목	학생 면접		학생 건강 체력 평가(PAPS)	계
	인성	독서 창의성	유연성/순발력/심폐 지구력	
반영 비율	60%	30%	10%	100

2

면접 진행 방법 및 유의 사항

1. 청심국제중학교 면접 전형 필수 지참 & 반입 가능 물품

- 수험표: 진학사 사이트에서 컬러 출력 후, 반드시 소속 초등학교장의 직인 받기, 수험번호는 면접 당일 지원자 본인에게만 개별 안내
- 지원자 이름 및 사진이 있는 신분증: 여권, 학생증, 청소년증, 도서관증, 사진이 있는 재학증명서, 사진이 있는 학생기록부 첫 페이지 등
- 개인 휴대폰(면접 종료 후 학부모와 연락용)
- KF94 마스크 착용 필수 및 비상 개인 방역 물품
- 겉옷(가디건, 바람막이, 무릎 담요 등), 읽을 책, 개인 물 등 지참 가능
- 반입 금지 물품(면접 전형 중 반입 금지 물품 발견 시 부정행위로 간주): 스마트 워치, 블루투스 이어폰 등 각종 기기, 노트북(갤럭시탭, 아이패드 포함), MP3, 디지털카메라 등 각종 전자 통신기기 등

1) 면접 방법

면접실	1개
면접 방법	지원자 1인당 3명의 면접관
소요 시간	5분 이내
면접 문항	3개 내외, 추가 질문 있을 수 있음

2) 주의 사항

- 단정한 사복 차림의 복장(교복 착용 절대 금지)
- 면접 시에도 자기소개서 작성 시의 평가 배제 사항이 적용됨
- 평가 배제 사항의 내용을 언급하는 경우 입학전형위원회의 심의를 거쳐 0점 또는 항목당 10% 이상의 감점 처리

2. 화산중학교 면접 전형 필수 지참 & 반입 가능 물품

• 필기도구, 실내화, 신발주머니, 물(코로나로 인한 KF94 마스크)

1) 면접 방법

1층 출입구에서 신발 갈아 신기 → 수험표 수령 후 가슴에 부착 → 면접 대기실 → 본인 수험번호가 적힌 좌석에 착석 후 대기

2) 주의 사항

다음의 경우 응시 자격이 박탈된다.

- 초등학교 교복 착용

- 면접 문항 및 유형을 발설하거나 감독 교사나 면접 교사의 지시 사항 불응
- 다른 대기자와의 대화나 잡담(복도, 화장실, 면접실, 대기실 모두 해당)
- 모든 전자기기(휴대폰, 전자사전, 특수 기능 시계, 이어폰, 아이팟 등)를 소지하는 경우
- 기타 면접 진행 등을 방해하는 행위 등

3

면접 답변 작성 요령 및 가이드

1. My Stories I

Goal

자기소개서가 완성되었다면 면접 준비에 집중할 차례다. 평소 발표나 자기표현 등에 익숙하더라도 면접에서는 '주장(내 생각)+이유'의 순서로 논리적 말하기가 요구된다. 면접 질문은 자기소개서와 학생생활기록부 등 제출 서류를 토대로 한다.

- 속담, 격언 등을 이용하는 것도 좋고, 비속어와 줄임말을 피한다.
- 질문에 대한 답은 '두괄식'으로 시작한다.
- 되도록 반복되는 표현을 줄인다.
- 개인적인 실제 사실이나 경험을 느낀 점과 함께 국제중과 연결해 풀

어낸다.

- 왜 내가 특별한 지원자인지, 왜 국제중에서는 나를 뽑아야만 하는지 정확히 전달해야 한다.
- 확실한 경어를 사용한다. '~했습니다'와 같은 겸손한 표현이 좋다.

면접에서는 자신의 역량과 경험을 제대로 어필하고 면접관에게 긍정적인 인상을 줘야 한다. 이를 위해서는 논리적인 말하기가 매우 중요하다. 논리적으로 말하면 상대방도 더욱 쉽게 이해할 수 있으며, 자신이 표현하고자 하는 바를 명확히 전달할 수 있다.

그리고 주장(나의 생각)+이유의 순서로 대답하는 것이 좋다. 즉, 자신의 주장을 먼저 제시하고, 이에 대한 이유를 제시하는 것이다. 이를 통해 상대방에게 자신의 논리적인 사고 과정을 이해시키며, 전문성을 어필할 수 있게 된다.

또한 면접에서는 출제 의도를 파악하는 것이 매우 중요하다. 이는 면접에서 출제되는 질문에 대해 정확하게 대답할 수 있는 핵심적인 역할을 한다. 질문은 단순히 정보를 묻는 것이 아니라 지원자의 경험, 역량, 성향 등을 파악하기 위한 것이다. 이에 따라 지원자는 질문의 내용을 잘 파악하고, 자신의 경험과 역량을 적절하게 이야기할 수 있어야 한다.

〈필수 질문 유형〉

지원 동기

- 국제중/자율중에 지원하는 이유는 무엇입니까?
- 국제중/자율중에 꼭 합격해야 하는 이유가 있다면 무엇입니까?
- 본인의 꿈을 이루는데 본교가 왜 필요합니까?

- 국제중/자율중 입학을 위해 어떻게 준비해왔습니까?

  → 위의 질문들은 모두 지원자가 국제중/자율중에 대해 관심과 열정을 가졌는지, 해당 학교의 가치와 목적을 이해하고 있는지를 파악하는 것이 목적이다. 지원자가 해당 학교의 교육 철학과 커리큘럼에 대해 충분히 이해하고, 입학을 위해 노력하고 준비해 왔는지를 알고자 하는 것이기 때문에, 학교의 특징을 잘 알고 있다는 것을 보여주면서 자신의 꿈을 연결해 답하는 것이 좋다.

학습/학업 계획

- 본교에서 하고 싶은 활동 및 동아리가 있다면 말해보세요.
- 본교에서 하고 싶은(기대되는) 과목 및 수업이 있다면 말해보세요.

  → 위의 질문들은 지원자가 해당 학교에서 어떤 분야에 관심이 있으며, 어떤 활동을 통해 자신의 역량을 발전시키고 싶은지 파악하는 것이 목적이다. 따라서 하고 싶은 활동을 명확히 알고, 그 이유를 자신의 강점이나 흥미와 관련지어 설명한다.

자기주도학습

- 본인만의 자기주도학습 방법이 있다면 말해보세요.

  → 지원자가 자신만의 학습 방법을 가지고 있으며, 그 방법으로 꾸준히 학습해왔는지를 파악하고자 하는 질문이다. 따라서 과목별로 자신만의 학습 방법을 정리해보고, 그 방법의 장단점을 파악하고 있어야 한다. 답변할 때는 자신의 학습 방법을 설명하고, 그 방법을 사용한 후 어떠한 변화가 생겼는지를 설명한다.
- 실패했던 학습 방법을 생각해보고, 그 원인이 무엇인지 생각해보세요.

→ 지원자가 자신이 실패한 학습 방법에 대해 왜 실패했는지를 파악할 수 있는지, 어떻게 개선할 수 있는지를 파악하는 것이 목적이다. 이때 실패한 학습 방법이 없다고 말하는 것보다 실패를 통해 개선하는 모습을 보여주는 것이 바람직하다. 따라서 과거에 시도했던 학습 방법을 정리해보고, 어떻게 발전시켰는지 생각해본다.

인성

- 누군가를 도와주었거나 선행을 했던 경험을 이야기해주세요.
  → 지원자가 다른 사람을 돕는 것에 대해 긍정적인 태도를 가졌는지, 그리고 이를 통해 얻은 경험을 어떻게 평가하고 있는지를 파악하는 것이 목적이다. 따라서 사소한 것이라도 남을 도와주었던 경험을 떠올리고 이를 통해 배운 점과 느낀 점을 말한다.
- 리더로 활동한 경험이 있습니까? 구체적인 사례를 들어 말해주세요.
  → 리더십, 책임감, 협동심, 문제 해결 능력, 의사소통 능력 등의 역량을 확인하며, 특히 구체적인 사례를 통해 지원자의 역량을 파악하는 것이 목적이다. 평소에 먼저 나서서 일을 해결하는 편이라면 쉬운 질문이겠지만, 그렇지 않다고 하더라도 작은 경험이라도 떠올려 말한다. 모둠 활동에서 조장을 맡았던 경험이면 충분하다. 갈등 상황에서 어떻게 친구들을 중재했는지 말하거나 번뜩이는 아이디어를 통해 좋은 결과물을 만드는 데 일조한 경험을 말해도 좋다.
- 기숙사 생활에서 룸메이트와 갈등이 생긴다면 어떻게 해결하겠습니까?
  → 지원자의 대처 능력, 문제 해결 능력, 타인과의 관계 조율 능력 등을 평가하는 질문이다. 갈등 상황을 회피하기보다 해결하고자 노력한다는 점을 강조하여 답변하도록 한다. 창의적인 대답을 하기보다

는 솔직하게 자신의 인간관계 역량을 풀어내야 한다.

봉사활동 경험

- 초등학교 생활 중 봉사했던 경험과 느낀 점을 말해보고, 봉사의 의미는 무엇인지 말해보세요.
- 봉사활동을 한 경험이 없다면, 누군가를 도와주었거나 선행을 했던 경험을 구체적인 사례를 들어 말해보세요.

  → 지원자의 사회적 책임감, 자발적인 참여, 협동심, 인내심, 타인을 배려하는 마음 등을 확인하는 것이 목적이다. 봉사활동을 한 경험이 없다면 솔직히 말하고 남을 도와주었던 경험으로 대체한다. 경험을 말할 때는 그 경험을 통해 배운 점을 꼭 함께 이야기한다.

독서 활동

- 가장 감명 깊게 읽은 책은 무엇입니까? 그 책을 보고 본인이 배우고 깨달은 점은 무엇인지 말해주세요.

  → 지원자의 사고력, 흥미와 관심, 가치관 등을 파악하는 것이 목적이다. 꼭 어려운 책이 아니라 초등학생이 읽을 만한 책이면 충분하다. 자기가 읽은 책의 제목을 정확히 말하고 책의 주제를 간단히 설명한 뒤, 새롭게 알게 된 점과 이를 통해 생긴 변화를 이야기한다.
- 본인이 작가가 된다면, 어떤 책을 쓰고 싶은지 말해보세요.

  → 지원자가 다양한 책을 읽은 경험이 있는지, 지원자의 흥미를 알아보기 위한 질문이다. 관심 있는 분야의 소설을 쓴다고 말해도 좋고, 자신의 장래 희망을 이루었을 때, 직업과 관련된 전문 지식을 담은 책을 쓴다고 말해도 좋다. 다만, 그 이유에 대해 구체적으로 설명하

는 것이 중요하다. 관심 있는 분야의 이슈를 담고 있다면 추가 질문에 대응하기 쉽다.

2. My Stories II

Goal

면접에서 자기소개서를 기반한 예상문제를 준비하는 것은 매우 중요하다. 대부분의 질문이 자기소개서를 바탕으로 나오기 때문이다. 그러므로 본인이 작성한 자기소개서를 충분히 읽고 숙지한 후, 그것을 바탕으로 나올만한 질문을 만들고 그 질문에 대한 답변을 하나하나 정리한다.

자기소개서를 바탕으로 한 질문을 뽑아내기 위해서는 한 문장 한 문장을 분석하고 떼어내어 '왜?'라는 부분에 대한 명확한 근거 설명과 명분이 필요하다. 이것은 결국 나의 꿈 또는 이 학교에 입학하고 싶은 이유로 연결된다. 쉬운 질문인 것 같지만 본인의 강점과 어필하고 싶은 포인트를 개연성 있고 논리적으로 엮으려면 많은 고민이 필요하다.

〈질문 유형〉

지원 동기

- 꿈을 위해 준비하고 있는 것들
- 학교의 교육목표와 본인의 장래 희망의 연관성
- 학교에 대해 어떻게 알게 되었는가?
- 학교가 본인의 꿈을 위해 어떻게 도움이 되는가?
- 꿈을 위해 어떤 자질이 필요한가?

자기주도학습

- 어휘 정리
  - 사용한 전문 용어나 기술 등을 설명
- 활동 정리
  - 내가 한 활동에 대해 언제, 어떻게 했는가?
  - 왜 그 방식을 선택했는가?
  - 활동의 의미
  - 활동의 효과
  - 활동을 통해 배우고 느낀 점 등
  - 준비과정에서 어려웠던 점과 극복 방법
  - 가장 기억에 남는 에피소드
  - 바람: 어떻게 이룰 수 있을까?

〈질문 예시〉

진로 계획 [예시 2]

'생물 다양성 조사를 통해 생물학자라는 꿈을 꾸게 되었습니다.' (진로 계획)

'화산중학교는 배움을 즐거워하는 제가 가장 충실하게 공부할 수 있도록 도와주는 학교라고 생각합니다. 화산중학교의 각종 발표 수업과 토론 수업으로 학문을 깊이 있게 배우고 싶습니다. 또한 다양한 동아리 활동을 통해 친구들과 함께 탐구 정신을 기를 것입니다. 무엇보다 모의 유엔, 토론대회, 육상대회, 유도 승단 심사 등은 제가 꼭 참여해보고 싶은 활동입니다. 매일 아침 시간에 운동장 돌기로 건강한 신체를 단련하는 것도 정말 매력적이라 생각합니다. 저는 화산중학교에서 건강한 정신과 신체를 가지고 이 세상에 도움이 되는 한 사람으로 성장하고 싶습니다.' (실질

적인 예)

'화산중학교에서의 충실한 과정을 통해 인류의 미래에 긍정적인 영향을 끼치는 생물학자가 되고 싶습니다. 생명체와 인간이 더 안전하고 풍요롭게 살 수 있는 환경을 만들기 위해 연구하고, 인류의 생존에 대해 끊임없이 고민하는 학자가 되겠습니다. (연결고리)

① 생물학자라는 꿈을 위해 무엇을 준비하고 있나요?
② 우리 학교는 국제적이고 창의적인 지도자를 키우고자 하는데, 생물학자와 어떤 관련이 있나요?
③ 화산중학교 수업에 대해서 잘 아는 것 같은데 어떻게 알게 되었나요?
④ 화산중학교가 학생이 생물학자가 되기 위해 어떤 도움을 줄 수 있나요?
⑤ 생물학자가 되기 위해 필요한 자질은 무엇이라고 생각하나요?
⑥ 생물 다양성 조사는 왜, 어떻게 하게 되었나요?

자기 주도 [예시 1-2]

'사회적 현상의 이유와 이에 따른 영향에 대해 발표함.' (생활기록부)

'사회 시간, 세계의 여러 나라를 발표하는 활동에서 우크라이나를 맡아, 최근 발생한 전쟁에 대해 조사해보았습니다. 그중 전쟁의 발발 이유와 전쟁으로 발생한 여러가 지 문제가 전쟁이라는 사회 현상에 대한 심각성을 와닿게 하기에 가장 효과적일 것 같아 이에 대해 정리하여 발표하였습니다. 조사 과정을 통해 전쟁으로 인한 폭력성이 대규모의 생태계 파괴로 이어지는 '에코사이드' 문제에 대해 알게 되었습니다. 물리적 공격으로 인해 파괴되는 생태계는 그 지역 동물들의 서식지를 빼앗고, 농지를 파괴시키며 이는 식량문제와 같은 심각한 문제들로 이어집니다. 기후변화 뿐 아니라 인간의 행동을 통해 파괴되는 자연의 사례를 보면서 안타까움을 느꼈고, 저의 발표를 통해 학급에서나마 인간이 자연에 대해 가져야 할 책임에 관한 토론을 진행했습니다.' (자기주도학습 내용)

'이에 뿌듯함을 느꼈고 파괴된 자연을 복원시킬 방법에 대해 국제적인 토론이 필요하다고 생각했습니다.' (느낀 점)

① 에코사이드에 대해 설명해주세요.

② 물리적 공격으로 인해 파괴된 생태계가 어떻게 식량문제로 이어지나요?

③ 여러 나라를 발표하는 활동에서 왜 우크라이나를 선택했나요?

④ 발표를 준비하면서 사용한 조사 방식을 말해주세요. 왜 그 조사 방식을 이용했나요?

⑤ 학급에서 진행된 인간이 자연에 대해 가져야 할 책임에 관한 토론에서 어떤 이야기가 나왔나요?

⑥ 자연에 대한 책임감을 느끼고 일상에서 변화한 점이 있나요?

⑦ 발표를 준비하면서 어려웠던 점이 있었나요? 어떻게 극복했나요?

⑧ 파괴된 자연을 복원시킬 수 있는 방법에 대한 국제적인 토론이 있다면, 어떤 방법을 제안하겠습니까?

3. My Opinions I

Goal

어떤 이슈에 대한 자기 생각을 조리 있게 설명하여 설득하는 연습은 중요하다.

평소 사회·정치·경제에 대한 폭넓은 관심을 갖고 찬성, 반대 혹은 제3의 의견을 내보는 것은 면접에서 뿐만 아니라 창의적이고 비판적인 사고를 기르는 힘이 된다.

독서 습관을 들이고 다양한 매체를 통해 관심사를 넓혀보자.

최근 시사 상식

환경

- 환경 오염: 지구온난화, 생물다양성 손실, 삼림 파괴, 대기 오염, 해양 산성화, 패스트 패션(빠른 패션 트렌드 변화로 인한 섬유 폐기물 문제)
- ESG 경영: 환경(Environment), 사회(Social), 지배구조(Governance)를 뜻하는 것으로 장기적인 관점에서 친환경 및 사회적 책임경영을 통해 지속 가능한 발전을 추구
- 레스 웨이스트: 환경 오염을 방지하고 자연을 보호하기 위해 쓰레기 배출량을 줄이는 친환경적 생활양식(ex. 업사이클링)

최근 환경 이슈에 대한 생각 서술 예시

최근 지구는 지구온난화, 생물다양성 손실 등의 문제를 겪고 있습니다. 지구의 환경 문제가 심화됨에 따라 환경에 대한 기업과 개인의 관심도가 증가하고 있습니다. 기업은 ESG 경영을 통해 환경을 지키는

산업으로 소비자들의 지지를 얻고 또한 지속 가능한 발전을 이루고자 합니다. 개인은 레스 웨이스트 가치관을 품고 재활용, 업사이클링 등을 통해 쓰레기 배출량을 줄이려고 노력합니다. 저는 개인적으로 카페나 식당에서 필요하지 않은 일회용품 빨대나 종이컵 등을 거절하고 페트병 등의 분리수거를 실천하고자 합니다. 앞으로 건강한 지구를 위해서, 개인들은 ESG 경영을 추구하는 기업들을 지지하고, 자신의 소비 습관을 점검할 필요가 있다고 생각합니다.

경제

- 체리슈머: 한정 자원을 극대화하기 위해 최대한 알뜰하게 소비하는 전략적 소비자를 이르는 말로, 제품이나 서비스를 구매하지 않으면서 관련 혜택만 챙기는 '체리피커(Cherry Picker)'에서 진일보된 개념
- 셀피노믹스: 개인이 직접 콘텐츠가 되어 수익을 창출하는 사람들이 행하는 경제활동

최근 경제 이슈에 대한 생각 서술 예시

최근 중요하게 대두되는 경제 이슈는 체리피킹입니다. 환경 문제가 심화됨에 따라 원래 부정적인 의미였던 '체리슈머'가 알뜰한 전략적 소비자로 인식되기 시작했습니다. 저는 '체리슈머'가 개인의 이득을 위한 합리적 소비를 하면서 불필요한 소비를 줄여 레스 웨이스트에 참여하는 환경운동가로서도 의미가 있다고 생각합니다. 따라서 저 또한 절약적 소비를 실천하고 필요한 소비에 집중하려고 노력하고 있습니다.

기술

- 메타버스: 현실처럼 구현한 가상 세계

최근 메타버스 이슈에 대한 생각 서술 예시

최근 코로나19로 인해 메타버스에 대한 관심이 뜨거워지고 있습니다. 메타버스는 이미 게임 등에서 구현되고 있었으며 이번 코로나19로 인해 한층 발전했지만, 그 분야가 다소 지엽적입니다. 저는 메타버스가 더 큰 가능성을 품고 있다고 생각합니다. 마치 인터넷이 처음 생겼을 때 그 활용을 찾기 위해 시간이 걸렸던 것처럼 메타버스 또한 시간을 두고 새로운 사회적 연결을 이루어 내리라 생각합니다. 저는 로블록스나 마인크래프트 등을 통해 메타버스를 체험해보았고, 앞으로 메타버스의 가능성에 대해서 고민해보고 싶습니다.

법

- 촉법소년: 형사 미성년자. 법무부는 촉법소년 연령 상한을 14세에서 13세로 하향하는 '소년 범죄 종합대책'을 발표했다.

최근 촉법소년 이슈에 대한 생각 서술 예시

최근 촉법소년 연령 상한의 하향에 대한 이슈가 화제입니다. 촉법소년은 소년을 보호하고 교화하기 위해 존재하는데, 촉법소년 중 특히 13세에 해당하는 범죄율이 급격히 늘면서 촉법소년 연령을 하향해야 한다는 의견이 나오는 상황입니다. 하지만 소년법의 취지가 '보호'인 만큼 연령 하향에 부정적인 견해도 있습니다. 저는 촉법소년이 소년을 보호하기 위함이지만, 범죄를 저지른 소년보다 그 범죄의 대상이 될 소년 또는 성년을 보호하는 것이 더 중요하다고 생각합니다. 촉법소년이라는 제도를 통해 소년을 보호, 교화하는 것보다 의무교육인 초등교육에서 소년 범죄를 미리 예방하는 것이 더 효과적이라 생각합니다. 따라서 저는 이번 연령 하향에 대해 찬성합니다.

사회

포스트 코로나에 대한 생각 서술 예시

포스트 코로나가 이슈가 되는 이유는 코로나19로 인해 사회, 경제, 문화 등 여러 분야에서 큰 변화와 영향을 받았기 때문입니다. 코로나19 이전에는 일상적으로 즐기던 문화생활, 교육 방식, 업무 방식 등이 크게 변화하면서 새로운 시대가 도래했습니다. 이러한 변화는 지금부터도 계속 이어질 것으로 예상되며, 이에 대비하기 위해 포스트 코로나라는 용어가 사용되고 있습니다.

개인적으로는 이러한 변화를 긍정적으로 생각합니다. 새로운 시대에는 기존의 방식이 적합하지 않을 수 있으며, 이에 적극 대처해야 할 것입니다. 또한 디지털 기술이 보편화되면서 새로운 일자리와 산업이 등장하며, 이러한 변화에 적극적으로 대처하면 새로운 기회가 열릴 것이라고 생각합니다.

하지만 포스트 코로나가 도래하면서 발생할 수 있는 문제점들도 예상됩니다. 디지털 기술의 보급으로 인한 정보격차, 사회적 융합에 대한 부재, 일자리 문제 등이 그 예입니다. 이러한 문제점들은 적극적인 대처와 함께 해결되어야 할 과제입니다.

최근에는 점차 코로나19로 인한 규제와 제한이 풀리고 있습니다. 포스트 코로나 시대의 도래는 불가피할 것으로 예상됩니다. 따라서 우리는 이에 대한 준비와 대처를 위해 지속적인 노력이 필요하며, 이를 통해 새로운 시대를 적극적으로 대처해 나가야 한다고 생각합니다.

4

창의성 면접(화산중)

1. 창의성 면접의 취지

자율중 창의성 면접은 기존의 지식과 경험으로만 측정되는 면접과는 달리, 지원자의 창의성과 문제 해결 능력을 평가하는 면접이다. 이러한 면접의 취지는 단순히 지식과 경험에만 의존하는 것이 아니라, 새로운 문제에 직면했을 때 창의적인 아이디어와 적극적인 태도로 문제를 해결할 수 있는 능력을 갖춘 인재를 발굴하기 위한 것이다.

창의 면접은 매년 변경되고, 수학 면접은 매년 조금씩 변형되며, 다양한 형태로 출제된다. 개념을 묻기도 하고, 계산, 도형 문제도 출제하는 등 난이도가 쉽지만은 않지만 초등 심화 과정을 탄탄히 하면 접근할 수 있는 수준이다. 창의성 면접의 목적은 문제에 대한 기초 지식과 논리적인 추론을 통한 근사치를 추정하는 문제 해결력을 보고자 하는 것이니 결국 논리적으로 말하는 연습이 필요하다.

2. 창의성 면접 답변

*아래는 창의성 면접 문제 예시와 답변 가이드이다. 문제에 따른 접근법과 함께 가이드 안에서 자유롭게 답변하는 법을 연습해보자.

- 몸이 동전만 하게 줄어서 믹서기 안으로 던져졌습니다. 지원자는 작동 예정인 믹서기 안에서 어떻게 빠져나올지 설명해보세요.

tip) 상상력을 요하는 상황에서 처음부터 끝까지 논리를 유지하는 것이 중요한 문제입니다. 믹서기의 작동으로부터 받을 힘을 이용하여 탈출 방법을 설명합니다. 아래 예시에서는 믹서기에서 쉽게 탈출하기 위하여 믹서기를 수평으로 쓰러뜨린다는 발상을 떠올렸고, 이에 활용되는 과학적인 원리로 '원심력'을 예로 들었습니다.

답변 예시) 저는 믹서기 벽면에 부딪혀 믹서기를 쓰러뜨릴 것입니다. 저보다 몸집이 큰 믹서기를 쓰러뜨리기 위해서는 믹서기가 돌 때의 원심력이 필요합니다. 믹서기 날 위에 올라가 온몸으로 원심력을 받은 뒤, 가속된 힘으로 벽면에 부딪히겠습니다. 큰 충격으로 인해 쓰러진 믹서기에서 저는 쉽게 걸어서 탈출할 수 있을 것입니다.

• 빨간 벽돌의 용도를 3가지 이상 말해보세요. (건축자재 제외)

tip) 여러 가지 답변을 요구하는 문제에서는 키워드를 나누어 생각하면 빠르게 답변할 수 있습니다. '빨간 벽돌'이라는 키워드는 '빨간'과 '벽돌'로 나누어 볼 수 있습니다. 즉, '빨간'색의 특성에 집중하여 용도를 떠올리고, '벽돌'의 특성에 집중하여 용도를 떠올려 다양한 답을 할 수 있습니다. 특히 '벽돌'의 특성에는 거친 질감, 단단한 형태, 무게 등이 있기 때문에 이와 같은 특성을 먼저 서술한 뒤, 용도를 설명하는 방식도 좋습니다.

답변 예시) 빨간 벽돌은 예술, 가구, 운동에 사용될 수 있습니다. 빨간 벽돌은 예술 작품에서 종종 사용됩니다. 벽돌의 질감과 색상을 이용해 예술 작품의 일부로 사용하거나, 벽돌 가루를 이용해 작품의 질감을 표현할 수도 있습니다. 또한 운동 기구가 없는 야외에서 가벼운 중량 운동을 할 때 사용할 수 있습니다. 예를 들어, 빨간 벽돌을 들고 운동하거나, 벽돌을 받치고 높이를 높여 운동할 수 있습니다. 벽돌은 가구를 만들 수도 있습니다. 특히, 빨간 벽돌은 전통적인 분위기를 연출하는 가구를 제작할 수 있습니다.

• 체중계를 사용하지 않고 코끼리 한 마리의 체중을 어떻게 잴 수 있을지 말해보세요.

tip) 실제로 경험하기 어려운 일에 대한 질문이 나오면, 정답을 맞히기보단 창의적인 발상을 떠올리는 것이 좋습니다. 창의적인 발상을 위해서는 평소에 쉽게 접할 수 있는 물건을 떠올리는 것이 좋습니다. 답변 시 자유로운 방법을 사용하되 답변자 스스로 논리의 시작과 끝을 연결 지을 수 있어야 합니다. 아래 예시에서는 체중을 재는 방법을 질문하고 있기 때문에 체중을 구성하는 것이 무엇인지 떠올려 봅니다. 부피를 이용하는 방법이 물탱크, 몸을 이루는 성분을 이용하는 방법이 음식입니다. 또한 체중으로 인해 생기는 결과를 이용하는 방법으로 걷는 소리를 꼽았습니다.

답변 예시) 체중계를 사용하지 않고도 코끼리의 체중을 재는 방법이 있습니다. 가장 간편한 방법은 코끼리를 물탱크 안에 넣은 후, 넘치는 물을 재는 것입니다. 코끼리가 고통받지 않도록 코끼리가 먹은 음식의 양과 종류, 그리고 대변의 양으로 추정하는 방법, 코끼리가 걷는 소리의 크기와 땅의 탄성을 통해 무게를 재는 방법 등이 가능할 것으로 보입니다.

- 본인은 어떤 동물이 되고 싶은지 그 이유와 함께 말해보세요.

tip) 이러한 문제에서 어떤 동물을 선택했는지는 크게 중요하지 않습니다. 그 동물의 특성을 알고 그 특성을 어떻게 이용할 것인지를 설명하는 것이 중요합니다. 따라서 머릿속에 가장 먼저 떠오르는 동물의 특성을 나열한 뒤, 인성을 보여줄 수 있는 키워드와 연결합니다. 아래의 예시에서는 독수리의 특성으로 자유롭게 날 수 있는 능력을 꼽았고, 이를 통해 유연한 사고를 하는 모습을 상상해보았습니다. 동물의 모습을 통해서 본인이 그리는 인간상을 표현하는 것이 핵심입니다.

답변 예시) 저는 독수리가 되고 싶습니다. 독수리는 자유롭고 우아한 모습이 매력적이며 높은 곳에서 자유롭게 날 수 있는 능력이 대단하다고 생각합니다. 또한 높은 곳에서 넓은 시야로 모든 것을 바라볼 수 있다는 것도 매력적입니다. 저 또한 다양한 상황에서 유연하게 대처할 수 있는 능력을 갖추고자 합니다.

- 종이컵과 펜을 이용해서 만들 수 있는 발명품은 무엇일까요?

tip) 발명품 문제에서는 일상에서 불편한 점을 개선하고자 하는 동기가 중요합니다. 문제처럼 특정한 물건이 제시되었다면 해당 물품을 쓸 때 불편한 점을 떠올리는 것도 방법이 될 수 있습니다. 또한 간단한 원리로 만들어지는 일상의 물건들을 먼저 떠올린 뒤, 이것을 만들기 위해 종이컵과 펜을 어떻게 사용할지 떠올리는 것도 방법이 될 수 있습니다.
발명품을 설명할 때는 그것이 실제로 구현 가능한지는 중요하지 않습니다. 구현 가능성이 있어 보인다면 충분하니, 자신감을 갖고 말할 수 있도록 합니다. 자세히 설명하기가 어렵다면, 여러 가지 예시를 떠올려서 말하는 것도 괜찮습니다.

답변 예시) 종이컵 사용 시 불편한 점을 개선하기 위한 발명품으로는 '종이 계량컵'이 있습니다. 일반 종이컵은 용량을 알기 어렵기 때문에, 펜으로 용량을 표시해 정확한 물질의 양을 계산할 수 있습니다.

종이컵과 펜의 특징을 이용한 발명품으로는 '종이컵 조명'이 있습니다. 종이컵에 뾰족한 펜으로 구멍을 뚫어 그 안쪽에 LED 전구를 설치하면 예쁜 그림자가 지는 작은 조명을 만들 수 있습니다.

• 색칠된 부분의 넓이를 구해보세요(반지름 1cm).

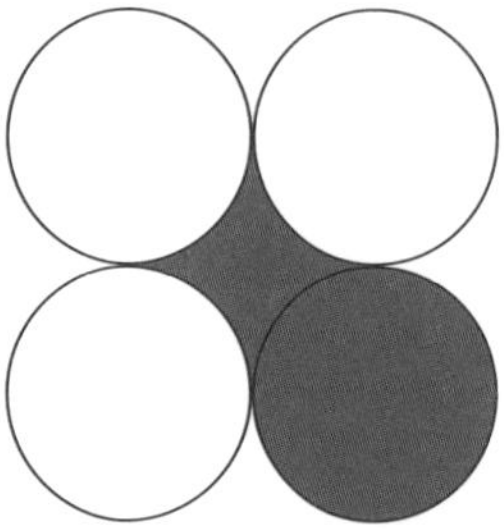

tip) 이러한 문제는 수학적 문제 풀이 능력을 확인하고자 합니다. 스스로 문제의 수학적 원리를 추출하여 식을 완성하는 과정을 요구합니다. 특히 면적을 구하는 문제는 주로 자르고 붙였을 때 간단한 형태로 합쳐지는 경우가 많기 때문에, 일차원적으로 접근하기보다는 여러 각도로 살펴보는 것이 좋습니다.
처음에 쉬운 방법을 떠올리지 못하더라도 답을 맞힐 수 있는 방식이라면 올바른 답변입니다. 답변 중 더 쉬운 방법이 떠오른다면 "이런 방법도 가능합니다"라며 새로운 방식을 제시하여도 좋습니다.

답변 예시) 그림에서 색칠된 부분은 반지름 1cm인 원과 그 원을 감싸는 가장 작은 정사각형에서 반지름 1cm인 원을 빼고 남은 4조각을 합친 것과 같습니다. 따라서 한 변의 길이가 2cm인 정사각형의 너비와 같습니다. 즉, 2*2를 한 $4cm^2$가 답입니다.

• 당신은 이상한 규칙이 있는 임원회에 참여하게 되었습니다. 상자 안에는 'yes'와 'no'라고 적힌 두 장의 카드가 있고, 그중 한 장의 카드를 뽑

아야 합니다. 물론 카드는 미리 볼 수 없습니다. 만약 'yes' 카드를 뽑는다면 당신은 임원이 되지만, 'no' 카드를 뽑으면 그 자리에서 쫓겨나게 됩니다. 그런데 이날 모임에서는 예전부터 당신에게 앙심을 품고 있던 직장 동료가 'no' 카드만 두 장 넣은 상자를 준비했습니다. 그 동료는 조용히 다가와 당신은 해고당할 수밖에 없다고 말했습니다. 당신은 행사 중에 말을 할 수도, 상자 안에 있는 카드를 바꿀 수도 없습니다. (2017 기출)

tip) 발상의 전환을 요구하는 문제입니다. 말을 할 수 없는 상황에서 나의 의견을 어떻게 전달할 것인지를 확인할 수 있습니다. 위와 같은 문제에서는 침묵도 하나의 의사소통임을 보여줄 수 있습니다.
혹은 불공정한 상황 자체를 행동을 통해 거부할 수 있습니다. 부당하게 'no'라는 글자가 써진 2장의 카드를 모두 공개하는 행동을 통해 상황을 고발하고, 임원회 사람들에게 문제를 깨닫게 하는 방법입니다.

답변 예시) 저는 'no'를 뽑을 것을 알고 있으므로 침묵을 통해 카드를 공개하는 시점을 늦출 것입니다. 다른 사람이 먼저 나머지 카드를 공개하도록 하여, 제가 뽑은 카드가 'yes'라고 생각하도록 만들 수 있습니다. 이를 통해 저는 'yes'를 뽑은 임원으로 보일 수 있습니다.

또는 카드가 두 장 모두 'no'라는 것을 보여주기 위해서, 제 카드 또한 뒤집어서 공정한 게임을 다시 할 것을 유도할 수도 있습니다.

• 다음 그림 속에서 찾을 수 있는 수학적, 과학적, 미술적 분야에 대해 말해보세요.

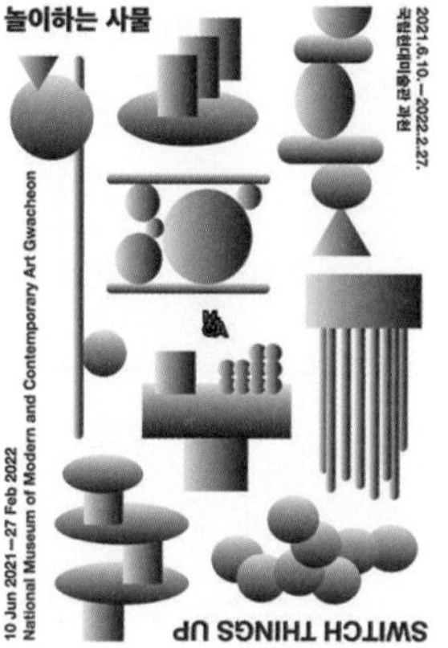

tip) 하나의 특징을 여러 가지 관점으로 해석할 수 있는 능력을 요구하는 문제입니다. 그림에서 발견할 수 있는 특징을 나열한 후, 문제에서 제시하는 분야에 따라 특징을 설명할 수 있도록 합니다. 위의 그림에서는 여러 가지 도형이 자유분방하게 표현되어 있습니다. 수학적 관점에서는 드러나는 도형의 특징을 나열하는 것이 답이 될 수 있습니다. 과학적 관점에서는 빛의 방향성과 입체성을 연결 지어 설명할 수 있습니다. 미술적 관점에서는 표현하고자 하는 주제 의식과 그림을 연결 지어 설명해줍니다.

답변 예시) 위 포스터에서는 다양한 도형과 빛의 표현을 확인할 수 있습니다. 원, 삼각형, 사각형의 다양한 도형들이 배열되어 수학적인 특징을 발견할 수 있습니다. 여러 가지 도형이 쌓여 있거나 겹쳐 있는 모습을 통해 2차원과 3차원에서 도형의 모습 차이를 알 수 있으며 이것들의 수량과 크기를 비교하고 계산할 수 있습니다.

포스터에서는 과학적 분야도 확인할 수 있습니다. 여러 가지 도형이 쌓여 있는 모습을 통해 물체의 무게와 중력의 방향을 알고, 흑과 백의 차이를 통해 빛의 방향성에 대한 이해를 키울 수 있습니다.

또한 미술적 분야도 확인할 수 있습니다. 다양한 도형의 배열과 빛의 특징으로 자유로운 분위기가 느껴지며 '놀이하는 사물'이라는 주제 의식이 잘 드러납니다.

Chapter 2

면접 스피치

말하기 실력 진단표

번호	문항	전혀 아니다	아니다	조금 그렇다	그렇다
1	목소리에 힘이 없다.	0	1	2	3
2	목소리가 작다.	0	1	2	3
3	말투가 퉁명스럽다.	0	1	2	3
4	입을 크게 벌리지 않고 웅얼웅얼 말하는 편이다.	0	1	2	3
5	말이 빠른 편이다.	0	1	2	3
6	말끝을 흐리는 편이다.	0	1	2	3
7	말을 더듬는다.	0	1	2	3
8	말을 하다 보면 내가 무슨 말을 하고 있는지 잘 모르겠다.	0	1	2	3
9	머릿속의 생각을 정리해서 말하기가 어렵다.	0	1	2	3
10	사람들 앞에서 말을 할 때 얼굴이 붉어진다.	0	1	2	3
11	말을 하면서 손, 발, 머리 등을 움직인다.	0	1	2	3
12	말하면서 상대방과 아이컨택을 하는 데 어려움이 있다.	0	1	2	3
13	말을 할 때 미소를 짓는 것이 어렵다.	0	1	2	3
14	나의 생각과 감정을 상대방에게 이야기하는 것이 어렵다.	0	1	2	3
15	면접에 자신감이 부족하기 때문에 목소리와 자세, 그리고 눈빛과 표정에 고스란히 나타나는 편이다.	0	1	2	3

1

씩씩하고 자신감 있는 목소리 만들기

Goal

스피치의 기본을 알고 발음, 발성, 호흡을 익히는 것이 중요하다. 좋은 목소리는 면접에서 호감을 불러일으키고, 지원자는 자신감을 가지고 면접에 임할 수 있다.

좋은 목소리의 메커니즘

발음	정확한 입 모양(모음) 혀를 아래로(하품할 때) 첫음절 악센트
발성	복식호흡
호흡	말의 기초체력

1) 복식호흡

- 복식호흡 존(갈비뼈와 배꼽 아래 5cm 사이)을 체크

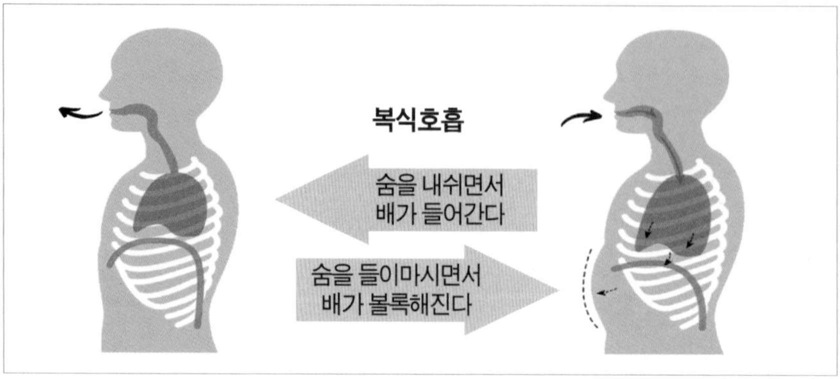

2) 복식호흡 훈련

- 숨을 천천히 3초간 들이마시고 5초간 내쉰다. (2회)
- 4초간 들이마시고, 6초간 내쉰다. (2회)
- 5초간 들이마시고, 7초간 내쉰다. (2회)
- 6초간 들이마시고, 4초간 멈추고, 6초간 내쉰다. (2회)
- 7초간 들이마시고, 10초간 내쉰다. (2회)

3) 아치 넓히기 훈련

- 입을 크게 벌렸을 때 목구멍 입구에서 목젖이 내려오는 부분까지의 둥근 부분을 아치라고 한다.
- 하품할 때처럼 '하~' 하면서 목의 아치를 넓고 둥글게 만들어 보자.
- 입 안의 아치를 넓히면서 배에 힘을 준 후, '아~~' 소리를 낸다(5초, 10초).

4) 발성/발음 훈련

- 표준 발음판을 보고 정확한 발음을 연습
- 한 글자씩 또박또박 천천히 읽기

	1	2	3	4	5	6	7	8	9	10	11	12	13	14
1	가	나	다	라	마	바	사	아	자	차	카	타	파	하
2	갸	냐	댜	랴	먀	뱌	샤	야	쟈	챠	캬	탸	퍄	햐
3	거	너	더	러	머	버	서	어	저	처	커	터	퍼	허
4	겨	녀	뎌	려	며	벼	셔	여	져	쳐	켜	텨	펴	혀
5	고	노	도	로	모	보	소	오	조	초	코	토	포	호
6	교	뇨	됴	료	묘	뵤	쇼	요	죠	쵸	쿄	툐	표	효
7	구	누	두	루	무	부	수	우	주	추	쿠	투	푸	후
8	규	뉴	듀	류	뮤	뷰	슈	유	쥬	츄	큐	튜	퓨	휴
9	그	느	드	르	므	브	스	으	즈	츠	크	트	프	흐
10	기	니	디	리	미	비	시	이	지	치	키	티	피	히

5) 어려운 발음 훈련

- 들의 콩깍지는 깐 콩깍지인가, 안 깐 콩깍지인가. 깐 콩깍지면 어떻고 안 깐 콩깍지면 어떠냐. 깐 콩깍지나 안 깐 콩깍지나 콩깍지는 다 콩깍지인데.
- 간장 공장 공장장은 강 공장장이고, 된장 공장 공장장은 공 공장장이다.
- 작년에 온 솥 장수는 새 솥 장수이고, 금년에 온 솥 장수는 헌 솥 장수이다.

- 상표 붙인 큰 깡통은 깐 깡통인가, 안 깐 깡통인가?
- 앞집 팥죽은 붉은팥 풋 팥죽이고, 뒷집 콩죽은 해콩, 단 콩, 콩죽, 우리 집 깨죽은 검은깨 깨죽인데 사람들은 해콩, 단 콩, 콩죽, 깨죽 먹기를 싫어하더라.
- 우리 집 옆집 앞집 뒤 창살은 홑겹 창살이고, 우리 집 뒷집 앞집 옆 창살은 겹홑 창살이다.
- 내가 그린 기린 그림은 긴 기린 그림이고, 네가 그린 기린 그림은 안 긴 기린 그림이다.
- 저기 계신 저분이 박 법학박사이고, 여기 계신 이분이 백 법학박사이다.
- 안 촉촉한 초코칩 나라에 살던 안 촉촉한 초코칩이 촉촉한 초코칩 나라의 촉촉한 초코칩을 보고, 촉촉한 초코칩이 되고 싶어서 촉촉한 초코칩 나라에 갔는데, 촉촉한 초코칩 나라의 문지기가 '넌 촉촉한 초코칩이 아니고 안 촉촉한 초코칩이니까 안 촉촉한 초코칩 나라에서 살아'라고 해서 안 촉촉한 초코칩은 촉촉한 초코칩이 되는 것을 포기하고 안 촉촉한 초코칩 나라로 돌아갔다.

2

논리적인 말하기 구조 익히기

- Storytelling

  이야기를 하는 것 = '공감을 끌어내다'
- 쉽게 이야기하기
- 구체적인 에피소드로 말하기
- O-B-C의 법칙을 지키면서 말하기
- 햄버거 법칙: 주장 - 근거 - 재주장

1) O-B-C 플롯

• 말의 뼈대를 세운다.

Opening	서론	논리적으로 말할 수 있는 1단계로 꼭! 들어가야 한다. *맥킨지의 PIP(Purpose, Importance, Preview)
Body	본론	먼저 주장을 던지고 근거를 풀면 훨씬 더 설득력이 있다. *1, 2, 3으로 폴더화
Closing	결론	재정리 및 감동(명언을 넣어주면 효과적)

2) 즉흥 스피치

• STEP 법칙을 기억한다.

S(slow)	천천히 말하고 여유 있는 표정을 짓는다.
T(three)	답변은 꼭 세 가지로
E(episode)	내 경험담 또는 타인의 정보
P(playing)	즐겨라. 너무 부담 갖지 말자.

3) 면접 질의응답

• 질문에 대한 답을 모를 경우: "죄송합니다. 그 부분까지 미처 준비하지 못했습니다. 면접이 끝나는 대로 바로 알아볼 수 있도록 하겠습니다."

• 질문을 이해하지 못했을 경우: "죄송합니다. 다시 한번 말씀해 주시겠습니까?"

3

면접 태도 및 자세

1. 바디랭귀지

1) 표정 이미지

사람의 얼굴은 웃기 위해 사용하는 여러 근육들이 연결되어 있다. 자연스럽게 웃는 표정을 짓기 위해서는, 평상시 잘 사용하지 않는 미소 근육들을 형성시키는 꾸준한 연습이 필요하다.

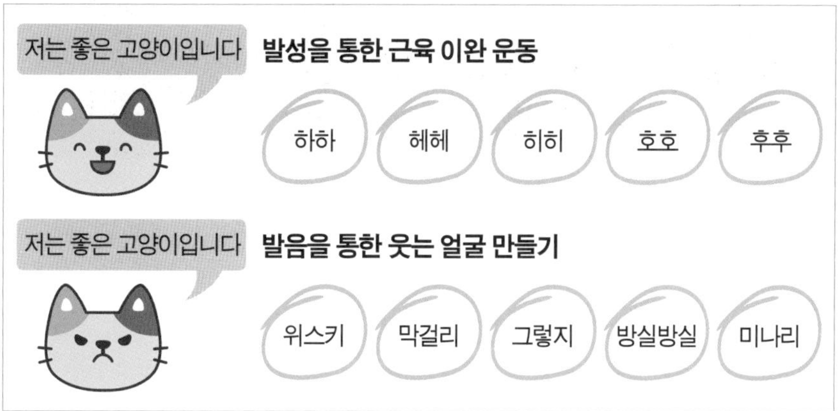

- 첫인상을 결정짓는 이미지 메이킹의 요소

55% → 시각적 이미지(표정, 태도, 제스처 등)

38% → 청각적 이미지(목소리, 어조, 억양 등)

7% → 내용

2) 바른 자세

- 선 자세

여성	남성
• 발의 각도는 10시 10분 혹은 2시 5분 전 정도로 맞춘다. • 배에 힘을 준다. • 어깨는 편다. • 두 손은 가지런히 앞으로 모은다. (오른손이 왼손 위) • 팔꿈치와 허리 사이에는 주먹 하나 들어갈 정도의 공간을 둔다.	• 두 발의 위치는 어깨너비에 맞춘다. • 발의 각도는 10시 10분 정도로 맞춘다. • 배에 힘을 준다. • 어깨는 편다. • 두 손은 살짝 힘을 빼고 계란을 쥔 모양을 한다. • 양손은 바지 옆 재봉선 위치에 가볍게 놓아 준다.
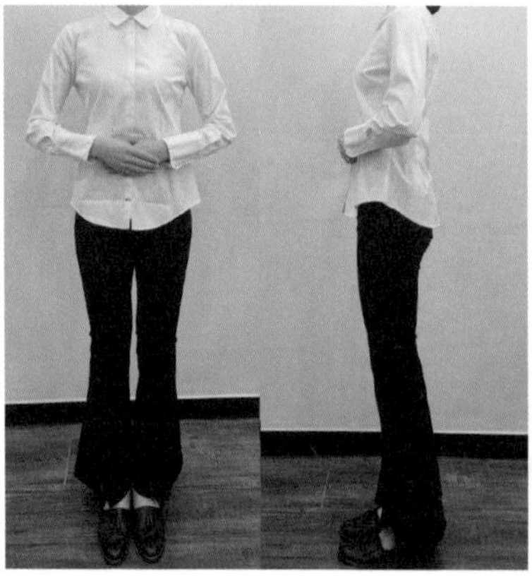	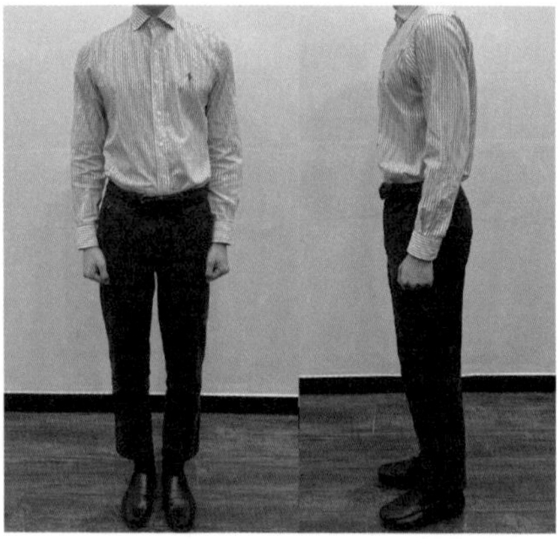

- 걷는 자세

• 등을 쭉 펴고, 턱을 가볍게 당기며, 배를 안으로 당긴다. • 시선은 앞을 향하고, 팔은 등을 펼 때 어깨가 위로 올라간 상태에서 옆에 붙이는 느낌으로 자연스럽게 내리며 팔꿈치도 자연스러운 상태로 둔다. • 손은 손바닥에 계란 하나를 가볍게 쥔 모양을 한다. • 팔은 평상시 걸을 때와 같이 흔들어도 상관없다.	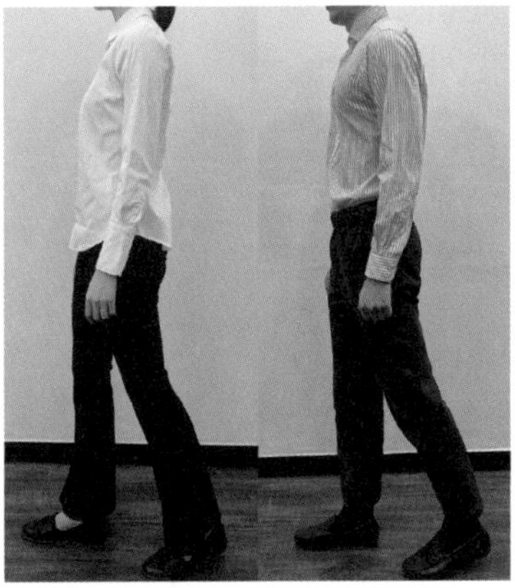

- 앉은 자세

여성	
• 발은 10시 10분 또는 2시 5분 전으로 왼쪽 발이나 오른쪽 발 중 편한 쪽을 앞으로 내민다. • 무릎은 붙이며, 손은 오른손이 위로 오도록 가지런히 모은다. • 치마를 입었을 경우 치마를 아래로 훑으며 앉는다.	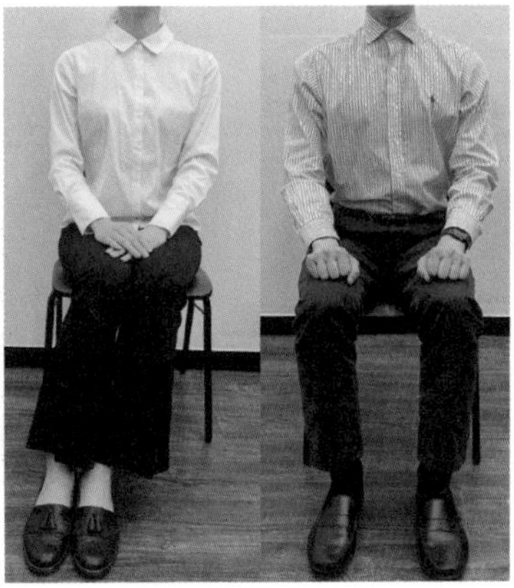
남성	
• 어깨와 허리를 반듯하게 편 후, 의자의 등받이에 엉덩이를 바짝 붙이고 앉는다. • 무릎과 발꿈치가 90도가 되게 한 후, 무릎과 무릎 사이는 15~20cm 정도 벌어지게 한다. • 발의 모양은 11자로 평행을 이룬다.	

3) 인사법

- 인사의 종류

인사는 목례, 약례, 보통례, 정중례가 있는데, 면접 시에는 일반적으로 정중례로 인사한다.

- 정중례 방법

Eye Contact & Smile → 허리와 고개를 천천히 숙인다(45도). → 정해진 각도에서 1초간 잠시 멈춘다. → 천천히 상체를 일으킨다. → 다시 한번 Eye Contact & Smile

- 어깨는 수평, 가슴은 곧게 펴고, 발뒤꿈치는 모은다.
- 여자는 오른손을 위로 하여 앞으로 모으고, 남자는 바지 옆 재봉선에서 주먹을 살며시 쥔다.

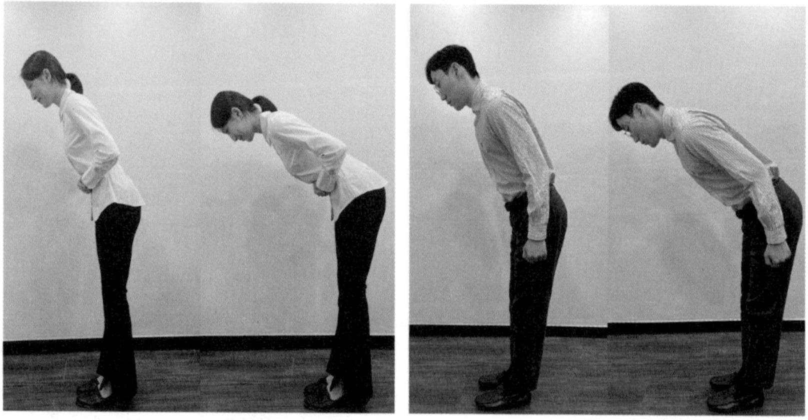

4) 아이 컨택(Eye-Contact)

시선 처리를 위한 아이 컨택 연습 또한 필요하다.

단, 골고루 시선을 분배하고자 기계적으로 여러 면접관과 시선을 마주치며 이야기한다면 다소 부자연스럽게 느껴질 수 있으며, 불안한 시선 처리는 좋은 이미지를 줄 수 없다. 편안하게 대화하듯 자연스럽게 아이 컨택을 연습해야 한다.

- 시선은 상대방의 인중에 둔다.
- 질문한 면접관과 눈을 맞춘다.
  (면접관이 왼쪽/오른쪽에 있으면 고개만 돌리는 것이 아니라 어깨와 허리까지 같이 돌려 몸과 얼굴이 한 방향이 되도록 한다.)
- 센터에 있는 면접관을 본다.

5) 면접 태도

- 제스처 사용 시 주의 사항
  손은 3회 이상 쓰지 않도록 한다.
  강조하는 순간에 간단한 손동작을 하는 것이 좋다.

- 공감의 자세
  다른 지원자들이 답변하는 동안 약간의 고개 끄떡임으로 경청하는 모습을 보여준다.

Q. 태도 때문에 면접에서 탈락시킨 적이 있나요?

인사 담당자 1,130명 대상 설문조사 결과, **탈락시켜 봤다** 74.3%

탈락을 부르는 면접 제스처 TOP 7(응답률)

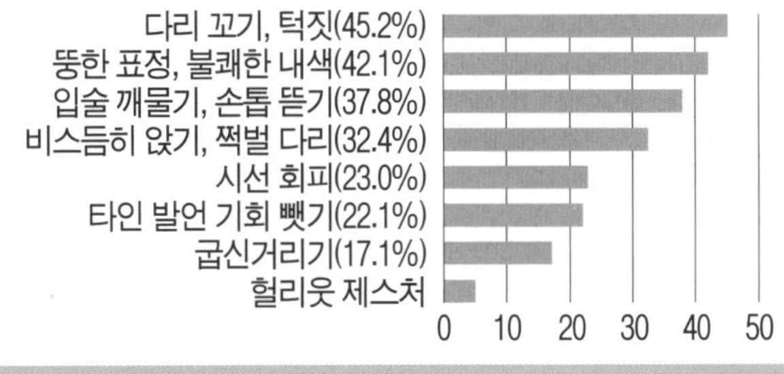

자료제공: 잡코리아

Part 4

자기소개서 및 면접 기출 예상문제

국제중/자율중
자기소개서 & 실전 예상문제

1

자기소개서 예시 및 예상문제

1. 청심국제중학교 자기소개서 예시 1

1 본인이 스스로 학습 계획을 세우고 학습해 온 과정과 그 과정에서 느꼈던 점, 학교 특성과 연계해 지원 학교에 관심을 갖게 된 동기, 중학교 입학 후 자기 주도적으로 본인의 꿈과 끼를 살리기 위한 활동 계획 및 중학교 졸업 후 진로 계획에 관하여 구체적으로 기술하십시오.

▶ 제 꿈은 외교관입니다. 6학년 때 사회를 배우며 학급에서 한 학기 동안 학급 정부 프로젝트를 진행하였습니다. 행정안전부, 법무부, 보건복지부, 외교부 등 많은 역할을 친구들과 하나씩 나누어 맡아 진행했습니다. 제가 외교관을 맡았을 땐 친구들 간의 분쟁을 해결하거나 학급 안전을 책임졌습니다.

외교관의 역할을 완벽히 해내기 위해 관련 책들을 읽으며 더 알아갔습니다. 정부의 역할, 배경지식을 배우며 한국 정부가 어떻게 운영되고, 공무원의 역할이 얼마나 중요한지 깨달으며 외교관으로 진로를 정확히 정하게 되었습니다.

그러던 중 청심국제중학교를 알게 되었습니다. 글로벌 마인드와 다양한 문화를 배울 수 있는 청심에서 영어로 수업하고 토론 수업으로 저의 논리력과 설득 실력을 키워나가고 싶었습니다. 청심 입학을 위해 영어나 수학 같은 과목들을 열심히 공부해 왔습니다. 그중 영어신문 해석은 가장 재미있는 공부였습니다. BTS UN 연설과 관련된 기사를 읽고 배경지식을 찾아보거나 모르는 단어를 사전에서 찾아 다른 공책에 따로 적어서 정리했습니다. 그리고 다른 책이나 문장에서 그 단어가 나오면 다시 한번 단어장을 살펴보며 확실히 알아두었습니다.

소설은 원서를 많이 읽었습니다. '○○○○' 원서를 출판사별로 읽어보며 책마다 가지고 있는 특징을 비교해보기도 했습니다. 가장 두꺼운 책을 한 달 만에 읽은 후엔 엄청난 성취감이 들었습니다. 영어 기사와 원서를 읽으며 그때마다 모르는 단어를 사전에서 찾아보고 익히면서 조금씩 영어 실력이 늘었습니다.

5학년 창의수학반에서는 정해진 공식이 아닌 새로운 패턴을 찾아 저만의 공식을 만들어보거나 수학 퍼즐, 수학 게임을 하며 연산 실력을 키웠습니다. 창의수학 활동을 통해 생활 속에서 이용되는 수학들에 흥미를 느끼며 즐겁게 공부하였습니다.

청심국제중학교에서는 영어로 과학이나 수학 과목을 배울 수 있고, 실험 과학 등 체험 및 탐구를 통해 재미있게 학습할 수 있습니다. 특히 모의 유엔 활동을 적극적으로 해보고 싶습니다. 평소 사람들과 다양한 의견을 나누고 해결책을 찾는 것을 좋아합니다. 한 나라를 대변하는 리더가 되어 국제사회에서는 어떤 주제로 토론하고, 창의적으로 타협해 나가는지 배우고 싶습니다.
기숙사 생활 속에서도 나보다 남을 먼저 살피는 이타적인 마음을 기르겠습니다. 졸업 후에는 청심국제고등학교에 진학하고 싶습니다. 국제고에서는 학교 수업에서도 국제정치나 국제경제 등 전문 과목이 있어서 진로에 대한 공부를 할 수 있을 것입니다. 정치외교학을 전공한 후 국가 간의 원활한 소통과 협력을 통해 우호적인 관계를 만들어 나가는 외교관이 되어 세상에 필요한 사람이 되고 싶습니다.

2 본인의 인성(배려, 나눔, 협력, 타인 존중, 규칙 준수 등)을 나타낼 수 있는 개인적 경험 및 이를 통해 배우고 느낀 점을 구체적으로 기술하십시오.

▶ 저는 다양한 활동을 통해 문제 해결 능력과 리더십을 키우고 있습니다. 학교에서는 학생회 활동을 하면서 이러한 능력을 향상하고 있습니다. 학생회에서 학교 축제 준비를 맡았을 때 여러 반이 축제 때 음식을 준비하려고 했습니다. 저는 음식물 알레르기가 있는 학생들을 위한 대체 음식물 준비에 관한 의견을 냈습니다. 축제를 성공적으로 마친 후, 음식물 알레르기가 있는 친구와 어머니께서 학생회에 고맙다고 말씀을 남겨 주셔서 뿌듯했습니다. 이 경험을 통해 문제 해결 능력과 리더십이 중요한 것은 물론이고, 주변 사람들을 배려하는 마음과 책임감도 함께 필요하다는 것을 다시 한번 느꼈습니다.

예상문제

1. 외교관으로서 국제사회에서 문제를 해결하는 데 필요한 인재상은 무엇이라고 생각하나요?
2. 외교관의 역할을 이해하기 위해 책을 읽었다고 했는데, 기억에 남는 책 한 권을 소개해주세요.
3. BTS UN 연설과 관련된 기사를 봤다고 했는데 그 연설은 어떤 내용이었으며, 우리나라 아이돌 그룹의 이러한 모습을 보며 학생이 느낀 점은 무엇인가요?
4. 원서를 출판사별로 읽어보았다고 했는데, 이유가 있나요? 차이점은 무엇인가요?
5. 창의수학을 통해 생활 속에 이용되는 수학에 흥미를 느꼈다고 했는데, 예시 하나만 말해주세요.
6. 외교관으로서 중요한 역량 중 하나인 커뮤니케이션 능력을 키우기 위해 노력한 경험이 있나요?
7. 협력과 팀워크가 중요한 외교관의 역할에서 본인이 리더로서 팀을 이끌었던 경험을 알려주세요.
8. 타인에게 도움을 주는 것이 왜 중요한가요? 본인이 도움을 주었던 경험을 말해주세요.
9. 국제정치에서의 국가 간 협력과 갈등은 어떻게 해결할 수 있을까요?
10. 학생의 꿈을 이루기 위해 청심국제중학교가 왜 필요한지 말해보세요.

2. 청심국제중학교 자기소개서 예시 2

1 본인이 스스로 학습 계획을 세우고 학습해 온 과정과 그 과정에서 느꼈던 점, 학교 특성과 연계해 지원 학교에 관심을 갖게 된 동기, 중학교 입학 후 자기 주도적으로 본인의 꿈과 끼를 살리기 위한 활동 계획 및 중학교 졸업 후 진로 계획에 관하여 구체적으로 기술하십시오.

▶ 'Global'은 저를 표현하는 단어입니다. 세계를 무대로 지구 환경을 위해 일하는 꿈을 키우고 있기 때문입니다. 항상 영어 신문이나 영상매체를 통해 국제 소식에 관심을 갖고, 영어 공부를 열심히 하고 있습니다. 매주 2개의 기사를 선정하여 요약하고, 단어장을 정리하고 있으며, 주관적인 의견을 갖게 되는 기사는 찬반 토론이나 논설문을 쓰는 학습을 하고 있습니다. 이를 통해 배경지식을 쌓을 수 있었고, 영어로 저의 생각을 표현하는 능력을 향상시켰습니다. 기사 속에 나타난 근거들을 찾아 읽음으로써 논리력을 키울 수 있었습니다.

또한 일상생활 속에서 찾을 수 있는 과학 원리를 스스로 공부하고 있습니다. 진동 로봇 자동차를 만들 때, DC 모터에서 나오는 진동에너지가 운동에너지로 전환되어 자동차를 앞으로 나가게 하는 원리를 배우고 나서 '에너지 전환'이라는 주제에 흥미를 느꼈습니다. 알아보았더니, 제가 관심 있는 '지구온난화'도 에너지 전환과 관련이 있었습니다. 태양에너지가 열에너지로 전환되며 열에너지가 온실가스에 의해 지구에 갇히게 되면서 온도가 상승한다는 사실을 알았습니다.

더 나아가 우주 거울, 인공 구름 등 온난화를 다시 과학기술로 억제할 수 있는 방법을 찾고 공부했습니다. 이렇게 '에너지 전환'이라는 과학적 원리를 관심 있는 분야에 연결해서 지식을 살찌워 나가는 과정이 재미있고, 정보가 하나하나 쌓여가는 것에 배움의 기쁨을 느낄 수 있었습니다.

이런 저에게 청심국제중학교 도전은 꿈을 향한 첫걸음이라고 생각합니다. 국제적인 마인드를 키울 수 있는 수업들과 활동, 토론식 수업 방식을 통해 글로벌 인재로 성장하고 싶습니다.

특히 모의 유엔을 적극적으로 해보고자 합니다. 평소 사람들과 다양한 의견을 나누고 해결책을 찾는 것을 좋아합니다. 한 나라를 대변하는 리더가 되어 국제사회에서는 어떤 주제로 토론하고 창의적으로 타협해 나가는지 배우고 싶습니다.

얼마 전 신문 기사에서 'UN 글로벌 기후보고서'를 접했습니다. 지구는 매년 심각하게 더워져 전 세계에 기후난민이 등장한다고 경고했습니다. 저는 과학에 대한 깊은 이해와 지구를 사랑하는 마음으로 지구온난화를 막는 데 앞장서고 싶습니다. UN 환경부(UNEP)에서 환경문제를 해결하기 위해 연구하고 세계에 환경문제 해결 방안을 전달하는 업무를 하고 싶습니다. 이처럼 큰 꿈을 향해 나아가는 데 청심국제중학교를 디딤돌 삼아 지구를 위해 노력하는 사람이 되고 싶습니다.

2 본인의 인성(배려, 나눔, 협력, 타인 존중, 규칙 준수 등)을 나타낼 수 있는 개인적 경험 및 이를 통해 배우고 느낀 점을 구체적으로 기술하십시오.

▶ 저는 다른 사람의 말에 귀 기울이는 사람입니다. 과거에는 저의 의견이 옳다고 생각하여 제 생각을 앞세우기도 했습니다. 그런데 조별 과제를 할 때 저의 단점을 똑같이 가진 친구를 만나게 되면서 제 의견

을 반영하지 못하게 되어 불쾌했던 적이 있었습니다.
이 일을 통해 저를 되돌아볼 수 있게 되었고, 그 후 저는 호감 가는 리더가 되기 위해 경청하는 능력을 기르자고 생각했습니다. 주장하고 싶은 바가 있어도 타인에게 먼저 발언권을 넘기고 경청하면서도 제 생각을 부드럽게 제안하는 습관을 들이다 보니 토론 시간에도 훨씬 다양한 해답을 찾을 수 있었습니다.
남의 입장을 먼저 배려하여 들어주는 것이 결국은 나 자신에게도 도움이 된다는 것을 깨달았습니다. 또한 자신의 잘못된 점을 인정하고 더 나은 사람이 되고자 노력하는 것이 얼마나 중요한지 배우게 되었습니다.

예상문제

1. 지구환경을 위해 일하고자 하는 꿈을 갖게 된 계기는 무엇인가요?
2. 지구온난화와 에너지 전환의 관련성에 대해 설명해보세요
3. 영어 신문이나 영상매체를 통해 국제 소식에 관심을 갖고 있다고 했는데, 최근 관심을 갖고 있는 글로벌 이슈는 무엇인가요?
4. 찬반 토론 의견을 작성해본 기사 주제를 말해보고, 본인은 어떤 의견이었는지 말해보세요.
5. 기후난민은 무엇이며, 온난화를 막기 위해 무엇을 실천할 수 있나요?
6. 에너지 전환 이외에 생활 속에서 찾을 수 있는 과학원리는 무엇이 있나요?
7. 본교 입학 후 모의 유엔에서 다루고 싶은 주제는 무엇인가요?
8. UN 환경부는 어떤 일을 하는 곳이며, 왜 이곳에서 일하고 싶다는 생각을 가졌나요?

9. 조별 과제에서 서로 자신의 의견을 앞세우는 친구를 만나 기분이 나빴다고 했는데, 이를 어떻게 해결했나요?
10. 호감 가는 리더의 조건은 무엇인가요? 왜 경청을 해야 한다고 생각했나요?

3. 청심국제중학교 자기소개서 예시 3

1 본인이 스스로 학습 계획을 세우고 학습해 온 과정과 그 과정에서 느꼈던 점, 학교 특성과 연계해 지원 학교에 관심을 갖게 된 동기, 중학교 입학 후 자기 주도적으로 본인의 꿈과 끼를 살리기 위한 활동 계획 및 중학교 졸업 후 진로 계획에 관하여 구체적으로 기술하십시오.

▶ 지식으로 무장해 함께한다면 우리는 어떤 목표도 달성해 낼 수 있습니다. 파키스탄 여자아이들의 교육권을 위해 죽음을 무릅쓰고 배우기를 멈추지 않았던 말랄라는 결국 노벨평화상을 수상하며 테러와 빈곤, 문맹 문제에 대한 관심을 끌어냈습니다. 《내 이름은 말랄라》라는 책을 읽고 소외된 곳에서 일어나는 사회 문제에 관심을 갖게 되었습니다.

옳다고 생각하는 것에 대해 자신의 목소리를 내겠다고 결심하고 국제적인 인권 문제를 해결하는 변호사를 꿈꾸게 되었습니다. 그중에서도 끔찍한 전쟁으로 인해 난민이 된 어린이들의 인권을 지키는 일에 힘쓰고 싶습니다. 그 꿈을 위한 첫 번째 계단으로 청심국제중학교를 택했습니다.

토론 위주로 수업하는 점에서 변호사가 가져야 할 설득력과 논리력을 키울 수 있고, 미국 교과서 수업, 영어 사용, 국제사회 이슈에 대해 폭넓게 공부할 수 있기 때문입니다. 그리고 다른 배경을 가진 친구들과 모여 기숙사 생활을 하며 서로 배려하는 마음을 배울 수 있다고 생각합니다. 청심국제중학교 입학 후에 중국어, 스페인어 등의 외국어 공부와 국제 이슈 탐구, 영어 토론 동아리 활동을 통하여 저의 꿈을 향해 한 걸음 더 나아가고자 합니다.

저는 독서로 생각하는 힘을 키웠습니다. 1학년 때부터 6학년까지 '슬로리딩부'에 가입해 꾸준히 책을 읽고 독후감 활동을 하였습니다. 가장 기억에 남는 책은 《페인트》입니다. 국가에서 길러낸 청소년들이 부모들을 면접 보고 선택한다는 색다른 내용의 책이었는데, 각자 책을 읽고 열띤 토론을 벌였습니다.

주인공이라면 어떤 선택을 했을지, 그 뒤의 상황을 상상해 독후감을 썼습니다. 부모와 자식의 관계가 역전되는 설정을 통해서 완벽한 부모나 자식은 없으며, 가족이라는 이름으로 서로 사랑하고 노력해야 한다는 것을 깨달았습니다. 다른 모습이 아닌 '지금의 나'라는 사람으로 키워준 부모님께 감사하는 마음도 들었습니다. 이렇게 독서는 저의 마음을 배부르게 하는 양식처럼 지식을 넓혀주고 다양한 생각을 갖게 해주었습니다.

영어로 된 소설도 많이 읽었습니다. 《Hole》, 《The giver》, 《Wonder》 등의 책을 읽고 주제와 느낀 점을 영어 독서록에 기록했습니다. 모르는 단어는 앞뒤 내용을 연결해서 추측한 후 한번에 사전을 찾아 기록해 놓았습니다. 영어 글쓰기나 말하기를 할 때 훨씬 다양한 단어로 표현할 수 있게 되었습니다. 영어책 읽기에 자신감이 붙어서 최근에는 〈The fantastic beast〉라는 영어 대본을 영화와 비교해 가며 따라 읽는 연습을 하고 있습니다.

중국어는 청심국제중학교 진학을 목표로 하면서 더욱 진지하게 임하고 있습니다. 학교 과목으로 배우고 있는데, 얼마 전에는 중국어로 처음 발표를 했습니다. 간단한 자기소개 내용을 중국어로 쓰고 여러 번 읽어보았습니다. 방과 후에 친구와 번갈아 가며 말해보고 피드백을 주고받았고, 인터넷에서 각 단어의 발음을 듣고 따라 해 보았습니다.

발표할 때는 약간 긴장한 탓에 속도가 빨라지기도 했지만, 익숙한 영어가 아닌 다른 외국어를 사용해 실제로 말을 해보는 경험이 짜릿했습니다. 중국어는 땅이 넓고 인구가 많은 중국의 특성 때문에 성조에 따라 같은 발음이지만 뜻이 완전히 달라지는 것이 흥미로웠습니다. 세상에서 일어나는 크고 작은 일들에 관심을 갖고 각국의 언어와 문화를 이해하는 것이 국제적인 변호사에게 꼭 필요한 자질이라고 생각하기에 청심국제중학교에서 더욱 체계적으로 공부할 것입니다.

2 본인의 인성(배려, 나눔, 협력, 타인 존중, 규칙 준수 등)을 나타낼 수 있는 개인적 경험 및 이를 통해 배우고 느낀 점을 구체적으로 기술하십시오.

▶ 저는 주말마다 봉사활동을 갑니다. 작년 겨울 방학에는 지역 연탄 나르기 봉사활동에 참여하였습니다. 저는 노인분들의 집을 찾아가서 연탄을 실어서 나르고, 집 안에 들어가서 연탄을 쌓아주는 역할을 맡았습니다. 한참 걷고 나니 연탄이 점점 무거워져 힘들었습니다. 특히 날이 매우 춥고 바람이 강해서 손이 얼어 실수로 연탄을 떨어뜨릴까 노심초사했습니다. 그러나 어르신들께서 따뜻한 웃음과 감사의 말씀

을 해주시는 모습을 보면서 힘듦이 없어지는 것 같았습니다. 작은 봉사활동이 누군가에게 큰 도움이 된다는 것을 느꼈으며 돕는 것의 행복을 알게 되었습니다.

예상문제

1. 국제 변호사로서 목표를 갖게 된 구체적인 계기는 무엇인가요?
2. 어떻게 하면 국제 변호사로서 필요한 능력을 키울 수 있을까요?
3. 본인이 나중에 국제 인권 변호사가 되면 인권을 침해받은 사람들을 어떻게 지키고, 인권 문제를 어떻게 해결할 수 있을까요?
4. 위에 언급한 문제 외에 최근 본인이 관심을 갖고 있는 글로벌 이슈 및 사회문제는 무엇이 있을까요?
5. 독서 후 토론 활동을 했다고 했는데 본인은 어떠한 주장을 펼쳤나요?
6. 영어 대본을 영화와 비교하며 따라 읽었다고 했는데, 이 공부법의 장점 및 효과는 어땠나요?
7. 수학 과목은 자기주도학습을 어떻게 하고 있나요?
8. 학교에서 운영하는 동아리 중에서 관심이 있는 것이 있나요?
9. 연탄 나르기 봉사활동을 선택한 이유는 무엇이고, 봉사 후 느낀 점은 무엇인가요?
10. 봉사활동을 통해 배운 것 중에서 인상 깊었던 것은 무엇이었나요?

4. 화산중학교 자기소개서 예시 1

1 본교에 지원하게 된 동기에 관하여 자신의 경험이나 사례 등을 들어 구체적으로 기술하십시오.

▶ 저는 수학의 복잡한 문제를 해결하는 과정에서 성취감을 느낍니다. 6학년 1학기, 우연히 복잡한 복면산 문제를 해결해 낸 후 수학자가 되고 싶다는 생각이 들었고, 조금씩 더 난이도 높은 문제에 도전하는 취미가 생겼습니다. 특히 책을 통해 수학의 성질을 발견하고 증명하는 과정에 매료되었습니다. 최고의 수학자들도 풀어내지 못한 유명한 난제들에 관한 책을 읽으면서 각 문제가 증명하려는 것이 무엇인지 이해하려고 노력하고 있습니다. 그중 '리만 가설'에서 알고 있는 공식을 대입하는 시도를 해보았는데 물론 실패하고 말았지만, 그 시간만큼은 제가 이미 미지의 세계를 탐험하는 수학자가 된 것 같았습니다.

저와 비슷한 열정을 가진 친구들과 함께 여러 수학 문제를 공부해보고 싶다는 생각이 들어 화산중학교에 지원하게 되었습니다. 화산중학교는 심화 수학, 과학 수업과 탐구 과제 연구 등의 기회를 제공하며, 기숙사 생활을 통해 인성을 성장시키는 계기를 만들어 줄 것입니다. 화산중학교에서 수학 동아리에 들어가 수학 실력을 향상하는 동시에, 수학으로 세상에 어떤 긍정적인 영향을 끼칠 수 있을지 고민해 보고 싶습니다.

2 본인이 스스로 학습 계획을 세우고 학습하고, 평가해 온 자기주도학습 과정과 이를 통해 느꼈던 점에 관하여 구체적 경험을 바탕으로 기

술하시오.

▶ 저는《실용수학의 탄생》과《쉬운 수학으로 세상을 바꾼 사람들》이라는 책을 흥미롭게 읽었습니다. 두 책에는 수학이 현대 산업 및 과학의 발전에 어떠한 역할을 했는지, 그리고 역사적 수학 문제와 그것을 해결한 수학자들에 대해 나와 있었습니다. 저는 책에 나온 수학자들처럼 수학으로 세상을 바꾸는 경험을 하고 싶어 수학을 좋아하는 친구들을 모아 수학 동아리를 만들었습니다.

저희는 주로 새로운 수학 공식과 그 증명에 대해 연구하고 이를 해결하는 과정에서 다양한 수학적 개념을 이해하려 노력했습니다. 또한 수학으로 일상생활을 편리하게 만들기 위해 다양한 활동을 진행했습니다. 일상생활에서 자주 사용되는 달력을 분석하고 수학적으로 계산하여 어떻게 하면 보다 효율적으로 사용할 수 있는지 고민해보았습니다. 그 결과 월별 일수와 요일을 계산하여 한눈에 일정을 파악할 수 있는 새로운 전자 달력을 제작하였습니다. 수학을 좋아하는 친구들과 함께하는 활동은 서로의 호기심과 능력을 공유하고 함께 성장할 좋은 기회였습니다. 이러한 경험은 수학적인 능력뿐만 아니라 문제 해결 능력과 협력 능력을 함께 키우는 데 도움이 되었습니다.

자신의 연구나 발견을 다른 연구자들과 공유하며 협력하기 위해서는 다양한 국적의 사람들과 의사소통할 필요가 있습니다. 영어는 국제적으로 널리 쓰이는 언어로 수학적인 용어들도 영어로 사용되기 때문에 세계적인 수학자에게는 영어 실력도 중요하다고 생각합니다.

저는 영어를 즐겁게 공부하기 위해 수학자들에 대한 영어 다큐멘터리를 보았습니다. 수학자 앨런 튜링을 다룬 영어 다큐멘터리를 보았을 때 'encryption'과 'decryption' 같은 암호학 용어들을 배울 수 있었습니다. 또한 수학자 앨런 튜링의 생애와 업적에 대한 설명에서는 'code-breaking'과 'computational logic' 같은 수학 관련 용어들이 자주 등장했습니다. 이러한 용어들을 찾아가며 수학자들이 사용하는 수학적인 용어나 개념들을 자연스럽게 배웠습니다. 이를 통해 새로운 지식을 습득할 때 다양한 자료를 활용하면 더욱 효과적인 학습이 가능하다는 것을 알았으며 영어를 즐겁게 공부하는 것도 가능하다는 것을 알게 되었습니다.

3 중학교 입학 후 본인의 학습 계획과 중학교 졸업 후 진로 계획에 관하여 구체적으로 기술하십시오.

▶ 화산중학교에 입학하면 수학 동아리에서 친구들과 함께 다양한 수학 개념과 공식을 분석하고 수학 문제 풀이에 도움이 되는 공식을 만들어보고 싶습니다. 특히 친구들과 함께 최근 가장 관심 있는 골드바흐나 리만 가설에 도전해보고 싶습니다. 아침 독서 시간에는 영어로 수학자에 관한 책을 읽고, 독서클럽에서 읽은 책에 관해 토론하고, 수학 지식도 공유하며, 훗날 세계적인 수학자가 될 수 있는 기반을 쌓고 싶습니다.

졸업 후에는 과학고등학교에 진학하고 싶습니다. 과학고등학교는 수학을 미적분, 선형대수학, 정수론 등 여러 분야로 나누어 배울 수 있을 뿐만 아니라 수학과 화학, 수학과 정보통신기술 등 융합 과목을 배울 수 있다고 알고 있습니다. 저는 일상을 편리하게 하는 수학자가 되고 싶기 때문에 이러한 융합 과목을 꼭 배우고 싶습니다. 화산중학교에서 키운 사고력이 과학고등학교 생활에서도 도움이 될 것입니다.

제가 가장 존경하는 수학자는 레온하르트 오일러입니다. 오일러는

18세기에 활동한 수학자이지만 현재까지도 수학계에서 가장 영향력 있는 인물 중 하나입니다. 그가 제안한 지수와 로그는 현대 과학과 기술 발전에 크게 기여하여, 수학자뿐만 아니라 다양한 분야에서 많은 사람에게 영감을 주고 있습니다. 저 역시 역사에 기억될 만한 업적을 이뤄내 오일러처럼 수학계에 크게 기여할 것입니다.

4 초등학교 재학 시절 본인의 인성에 대한 활동 실적이나 경험담을 두 가지 이상 적고 이를 통해 배우고 느낀 점을 구체적으로 기술하십시오.

▶ 초등학교 때 저는 여러 차례 학급 임원을 맡아 활동했습니다. 코로나19 시기 동안 온라인 수업이 지속되면서 리더의 중요성이 더욱 커졌습니다. 학급 회의도 화상으로 진행하다 보니 의견을 주고받는 게 어려웠기 때문입니다.

특히 첫 화상 회의는 더욱 어수선하고 혼란스러웠습니다. 저는 두 번째 회의부터 회의 시간 10분 전에 미리 회의 안건과 회의 진행 순서를 공지했습니다. 특히 발언권을 얻는 방식을 미리 공지해 여러 사람이 동시에 말하는 일이 없도록 조율했습니다. 그 결과 더욱 원활한 소통이 이루어졌습니다. 각자의 의견이 잘 들리니 친구들의 참여가 높아지고 훨씬 더 적극적인 분위기로 회의할 수 있었습니다.

6학년 때는 학습 장애를 가진 친구의 학습 도우미를 하였습니다. 그 친구는 수학 문제를 푸는 데 어려움을 겪고 있었고, 저는 친구가 이해할 수 있도록 차근차근 문제를 풀어나가며 설명해주었습니다. 쉬는 시간에는 친구와 함께 수업 내용을 복습하고 질문에 대해 답을 해주었습니다.

친구가 수업 시간에 선생님께서 낸 문제의 정답을 맞히면 마치 제 일처럼 기뻐, 남을 돕는 행복을 깨닫게 되었습니다. 이 경험으로 제 주변과 친구들을 돕고 챙기면서 함께 성장해 나가는 사람이 되어야겠다고 다짐했습니다.

예상문제

1. 복면산 문제를 해결한 경험으로부터 수학에 대한 열정이 시작되었다는데, 복면산 문제를 어떻게 해결했나요?
2. 수학적인 성질을 발견하고 증명하는 과정에 매료되었다고 하였는데, 무엇이 '증명'을 다른 것보다 흥미롭게 만드나요?
3. 화산중학교에서는 어떤 수학 동아리에 참가하고 싶은가요? 그리고 그동안 수학적인 발견이나 성취가 있었나요?
4. 영어를 공부하는 방법에 대해 말했는데, 영어 공부를 하는 이유와 그 방법을 선택한 이유가 무엇인가요?
5. 수학적인 지식뿐만 아니라 인성적인 성장도 중요하다는 것에 동의하나요? 그 이유는 무엇인가요?
6. 학습 장애를 가진 친구의 학습 도우미를 한 경험이 있었다고 하였는데, 그 경험을 통해 무엇을 배웠나요?
7. 수학에서 가장 좋아하는 분야는 무엇인가요? 그 이유는 무엇인가요? 과학고등학교에 가고 싶은 이유는 무엇인가요?
8. 수학자 레온하르트 오일러에 대해 좋아하는 이유와 그의 기여에 대해 설명해보세요.
9. 수학 문제를 해결하는 과정에서 가장 어려웠던 경험이 있었나요? 그 때는 어떻게 해결했나요?

10. 본교에서 제공하는 프로그램 중에서 특별히 관심 있는 것은 무엇인가요?

5. 화산중학교 자기소개서 예시 2

1 본교에 지원하게 된 동기에 관하여 자신의 경험이나 사례 등을 들어 구체적으로 기술하십시오.

▶ 미국 다큐멘터리 〈The Operation: Surgery Live〉를 보고 흉부외과 의사라는 꿈을 키우게 되었습니다. 큰 위험과 책임이 따르는 폐절제술에서 의사들이 환자를 치료하기 위해 최선을 다하는 모습이 인상적이었습니다. 저는 흉부외과 의사가 되어 환자들의 고통을 덜어주는 의사가 되고 싶습니다. 최근 흉부외과의가 매우 부족하다는 기사를 보았습니다. 다른 과에 비해 긴 수련 시간과 장시간의 수술에 따른 부담감이 그 이유였습니다.

흉부외과 의사가 되는 것은 어려운 일이지만 저는 이 모든 어려움을 이겨내고 환자들의 고통을 덜어주고 삶의 질을 향상시켜 주고 싶습니다. 이를 위해 꾸준한 노력과 공부를 통해 저만의 전문성을 쌓고 최신 기술과 연구를 항상 확인하며 발전하는 의사가 될 것입니다.

화산중학교는 이러한 공부를 가장 잘 도와줄 학교라고 생각합니다. 토론식 수업을 통해 주제에 대해 깊이 있게 공부하고, 공부한 지식을 친구들과 자유롭게 이야기하고 싶습니다. 전국에서 모인 친구들과 다양한 이야기를 나누면서 서로의 생각과 마음을 공유하며 발전해 나가고 싶습니다. 화산중학교에서의 다양한 경험은 저를 성장시켜 내일의 의사로서 더욱 발전할 수 있도록 할 것입니다.

2 본인이 스스로 학습 계획을 세우고 학습하고, 평가해 온 자기주도학습 과정과 이를 통해 느꼈던 점에 관하여 구체적 경험을 바탕으로 기술하시오.

▶ 저는 궁금한 점을 깊이 파고들어 학습합니다. 최근 초등학생들도 백신을 맞아야 하는가에 대한 논쟁이 있었습니다. 저는 이에 대해 자세히 알고 싶어 여러 기사를 찾아보았습니다.

기사는 예방접종이 영유아 및 소아의 뉴로 개발에 미치는 영향에 대한 재평가가 필요하다고 주장했습니다. 백신 접종에 대한 과도한 우려가 있는 부모들이 많은데, 이러한 우려가 백신 접종률을 낮추고, 따라서 감염병의 발생 가능성을 높일 수 있다는 것입니다. 또한 예방접종이 아이들의 건강과 발달에 부정적인 영향을 미칠 가능성은 매우 낮으며, 반면 많은 감염병을 예방한다는 주장 또한 있다는 사실을 알게 되었습니다.

이 기사를 읽으며 백신 접종의 중요성과 그에 따른 책임감을 느낄 수 있는 한편 다양한 관점에서 주장을 면밀히 살펴보아야 한다는 생각도 들었습니다. 앞으로도 궁금한 문제에 대해서 끝까지 파고들어 조사하고 깊이 있게 사고할 수 있도록 할 것입니다.

저는 일상생활에서도 궁금한 점을 놓치지 않고 자세히 살펴봅니다. 어느 날 치아 교정을 하는 친구와 아이스크림을 먹는데 친구가 이가 시리다고 했습니다. 이가 시린 것과 교정기 사이에 상관관계가 있는지 궁금해졌습니다. 저는 쇠로 만든 교정기가 아이스크림의 냉기를 더 빠르게 전달할 수 있다고 생각해 여러 자료를 찾아보았습니다. 그 결과 교정기로 인해 이가 시린 경우는 드물지만, 교정 치료 중 치아 미발유가 발생할 수 있어 이때 미발유 부위가 자극될 경우 이가 시릴 수도 있다는 것을 알게 되었습니다.

이러한 지식을 통해 제 주변 사람들의 건강을 위해 조언해줄 수 있어 뿌듯했습니다. 또한 이번 경험을 통해 평소에 일상생활에서 놓치지 않고 궁금한 것들을 자세히 관찰하고, 관련 지식을 습득하며 더 나은 지식을 얻어가겠다고 다짐하게 되었습니다.

3 중학교 입학 후 본인의 학습 계획과 중학교 졸업 후 진로 계획에 관하여 구체적으로 기술하십시오.

▶ 화산중학교에 입학한다면, '고난도 수학'이나 '심화 수학' 등의 수학 수업을 듣고 싶습니다. 지금도 난이도가 높은 문제에 도전하는 것을 좋아하는데, 이런 문제들을 풀고 나면 쾌감이 느껴집니다. 올림피아드나 수학 경시대회를 준비하는 반에 들어가 수학을 더욱 깊이 있게 공부하고 싶습니다.

또한 저의 꿈은 의사이기에 의학 동아리에서 활동하며 비슷한 꿈을 가진 친구들과 여러 실험을 해보고 공부를 함께 하고 싶습니다. 저는 집에서 부모님의 도움을 받아 고등어 해부 실험을 한 적이 있습니다. 먼저 고등어의 외부를 관찰하고 비늘을 제거한 후 내부를 살펴보았습니다. 머리, 내장, 지느러미 등을 하나씩 분리해 보면서 어떤 기능을 하는지 알 수 있었습니다. 해부 실험을 통해 고등어가 허파 대신 아가미를 이용해 호흡한다는 것을 직접 확인해 볼 수 있었습니다.

이러한 재미있는 실험을 친구들과 함께할 수 있다고 생각하니 더욱 설렙니다. 졸업 후에는 의대에 진학하여 의학 지식을 전문적으로 배워 몸이 아파 고통받고 있는 환자들에게 행복한 삶을 선물해줄 수 있는 가슴 따뜻한 의사가 되고 싶습니다.

4 초등학교 재학 시절 본인의 인성에 대한 활동 실적이나 경험담을 두 가지 이상 적고 이를 통해 배우고 느낀 점을 구체적으로 기술하십시오.

▶ 같은 반 친구가 다리를 다쳐 목발을 짚고 학교에 오는 모습을 보았습니다. 친하지 않은 친구였지만 목발을 짚고 무거운 가방을 들고 다니는 모습을 보면서 저도 모르게 걱정이 되었습니다.

하굣길에 친구의 가방을 들어주는 것이 어색하지 않을까 고민도 했지만 그냥 들어주게 되었습니다. 처음에는 먼저 인사를 건네는 것도 어색했지만 함께 걸으면서 이야기를 나누다 보니 빨리 친해질 수 있었습니다. 어느새 친구와 친해져 다양한 이야기를 나눌 수 있게 되었습니다. 친구와 친구 부모님께서 아주 고마워했고 굉장히 뿌듯했습니다.

이 경험을 통해 처음에는 친하지 않았지만 서로 도와주고 이해하는 과정을 통해 마음을 느끼고 친해질 수 있다는 것을 배웠고, 앞으로는 전혀 알지 못하는 사람일지라도 도울 수 있는 일이 있다면 주저하지 않고 가서 돕는 사람이 되어야겠다고 생각했습니다.

예상문제

1. 미국 다큐멘터리 〈The Operation: Surgery Live〉를 어떻게 보게 되었나요?
2. 의사가 되기 위해 필요한 노력과 역량에 대해 어떻게 생각하나요?

3. 존경하는 의사나 인물이 있나요?
4. 수학 단원 중 본인이 가장 흥미로운 분야는 어떤 것이며, 본인만의 자기주도학습 방법을 말해보세요.
5. 시린 이와 교정기의 상관관계는 무엇이었습니까? 그리고 교정 치료에서 치아 미발유가 발생하는 이유는 무엇인가요?
6. 고등어 해부 실험을 통해 얻은 인사이트 중에서 가장 인상 깊은 것은 무엇이었나요?
7. 리더로서 활동한 경험이 있다면 말해주세요.
8. 친구를 돕는 일이 불편한 상황에서도 도와주게 된 이유는 무엇이었나요?
9. 만약에 룸메이트와 갈등이 생긴다면 본인은 어떻게 해결해 나갈 건가요?
10. 학생의 꿈을 이루기 위해 화산중학교가 왜 필요합니까?

2

국제중/자율중 면접 기출문제

〈자기주도학습〉

자기주도/인성 면접은 자기소개서를 숙지하는 것이 기본입니다. 내가 쓴 자기소개서를 보면서 어떤 질문들이 나올지 예상해보고 답변하는 연습을 많이 해보는 것이 중요합니다.

- 지원자의 장래 희망/꿈은 무엇인가요?
- 우리 학교에 지원한 이유는 무엇인가요?
- 우리 학교에 입학하기 위해 어떠한 노력을 했는지 말해보세요.
- 초등학교 때 했던 동아리 활동에 대해 말해보세요.
- 장래 희망/꿈과 관련된 중요한 자질은 무엇이며, 이를 기르기 위해 어떤 노력을 했나요?
- 자기소개서에 적은 최근 읽은 책을 소개해주세요.

- 지원자만의 자기주도학습 방법을 말해보세요.
- 자기주도학습을 할 때 생활 계획표의 장점에 대해 말해보세요.
- 외국학교에서 수학은 어느 단원을 공부했는지 말해보세요.
- 본인이 생각하는 자율중학교의 장단점은 무엇인가요?
- 우리 학교에 오고 싶은 가장 큰 이유는 무엇인가요?
- 중학교 졸업 후 진로 계획은 무엇인가요?
- 나의 장단점에 대해 말해보세요.
- 기숙사 생활에서 가장 중요한 것은 무엇이라고 생각하나요?
- 토론에서 가장 중요한 것은 무엇인가요?
- 평소 영어 공부는 어떻게 하고 있는지 말해보세요.
- 좋아하는 과목과 그 이유에 대해 말해보세요.
- 본인만의 자기주도학습을 소개해주세요.
- 토론할 때 다른 사람의 의견을 듣는 것이 중요한 이유는 무엇입니까?
- 리더로 활동한 경험에 대해 말해보세요.
- 우리나라 역사적인 위인 중 가장 훌륭한 사람은 누구라고 생각하며, 그 이유는 무엇인가요?
- 초등학교 생활 중 가장 기억에 남는 활동은 무엇이었나요?
- 친구에게 책을 추천해보세요.
- 최근 세운 목표는 무엇이고, 그 목표를 이루기 위해 어떤 노력을 하고 있는지 말해보세요.
- 본인만의 스트레스 해소법은 무엇인가요?
- 최근에 공부한 수학 단원에 대해 기억에 남는 부분이 있다면 간단히 말해보세요.

〈시사〉

- 사회의 소외계층을 어떻게 도울 수 있는지 방안을 말해보세요.
- 가장 힘들었던 시기는 언제이며, 그 시기를 어떻게 극복했는지 말해보세요.
- 학교 마크를 보고 무엇이 생각납니까?
- 자신의 성격에 영향을 준 사람은 누구입니까?
- 사회의 갑질에 대해 어떻게 생각하나요?
- 여자/남자 친구 때문에 성적이 떨어졌다면 어떻게 생각하나요?
- 인터넷상 욕에 대해서 어떻게 생각하고 해결 방안은 무엇이라고 생각하나요?
- 가족 중 내가 가장 의지하는 사람과 그 이유를 말해보세요.
- 탄소발자국은 무엇이고, 이를 줄이기 위해서 해야 할 실천은 어떤 것이 있는지 말해보세요.
- 학교 내 체벌 금지법에 대한 찬반 입장과 이유를 말해보세요.
- 인공지능에 대한 자신의 생각을 말해보세요.
- 동물 학대에 대한 자신의 생각과 해결 방안을 말해보세요.

〈인성〉

- 지원자의 성격 중 장단점을 한 가지씩 말해보세요.
- 모둠활동에서 갈등이 있을 때 어떻게 해결했는지 말해보세요.
- 봉사활동 중 힘든 점은 무엇이었나요?
- 외국에 살다가 온 룸메이트와 함께 기숙사 생활을 해야 한다면 어떻게 할 것인가요?
- 기숙사 생활을 할 때 가장 중요한 점은 무엇이라고 생각하나요?

- 기숙사 생활 중 트러블이 발생한다면 왜 발생한다고 생각하나요?
- 학교 친구가 나의 뒷담화를 하고 험담한다면 어떻게 할 것인가요?
- 초등학교 시절 전교 회장을 하면서 느낀 점과 리더십의 중요성에 대해 말해보세요.
- 다른 사람을 도와준 경험에 대해 말해보세요.

〈영어 수업과 토론〉

- 수학과 사회 과목을 영어로 공부해본 적이 있나요?
- 영어로 진행되는 수업을 따라갈 수 있는지, 지원자의 경험과 능력에 기반하여 구체적으로 말해보세요.
- 영어 공부를 잘하는 본인만의 비법은 무엇인가요?
- 영어 공부는 어떤 방법으로 했는지 말해보세요.
- 중학교에서 영어 공부는 어떤 방식으로 할 계획인가요?
- 영어 원서 중 가장 기억에 남거나 자신 있게 소개할 수 있는 책은 무엇인가요?
- 좋아하는 과목은 무엇이며, 그 이유는 무엇인가요?
- 싫어하는 과목은 무엇이며, 그 이유는 무엇인가요?
- 영어 토론의 주제는 무엇이었나요?
- 영어 토론을 할 때 본인만의 특별한 방법은 무엇이었나요?
- 영어 토론을 할 때 가장 중요한 것을 무엇이라고 생각하나요?

3

FAQ(자주 묻는 질문)

1. 공통

Q. 우리 아이가 이 학교에 지원할 자격이 될까요?

A. 국제중학교와 자율중학교에 지원할 수 있는 자격은 초등학교 졸업 예정자 또는 동등한 조건을 가진 자이며, 타의 모범이 되고 우수한 학업성취도를 지닌 자로 기재되어 있습니다. 절대적 평가 기준이나 지필 시험이 없기 때문에 많은 학부모님께서 그 기준을 모호해하시고 자녀가 이 학교에 입학할 수 있는지 또는 들어가서 잘 적응할 수 있는지 문의하는 경우가 많습니다. 중학교 입학에서 평가는 자기소개서를 기반한 면접으로만 진행되기 때문에 자기소개서의 내용, 즉 자기주도학습과 인성 영역(꿈과 끼)의 내용을 충실히 채우고 면접에 임한다면 누구나 지원할 수 있고 합격할 수 있습니다.

Q. 국제중/자율중은 보통 언제부터 준비하나요?

A. 이 질문 역시 많이 하는 질문입니다. "언제부터 준비해야 하나요?" 또는 "다른 친구들은 몇 년 전부터 오래 준비했다고 하는데요" 등등. 국제중/자율중 준비를 일찍부터 시작한다는 말은 곧 미리 본인의 진로를 정하고 그와 관련한 흥미로운 활동과 경험을 쌓는 일입니다. 중학교 입시는 생활기록부를 평가하지 않기 때문에 학생 스스로 다양한 활동을 하고 책을 읽으며 진로 계획을 세워야 합니다. 본격적으로 입시를 준비하기 전까지는 학생의 흥미와 관심거리를 찾고 그와 관련해서 주도적으로 탐구하고 연구하는 활동을 하면 좋습니다. 또한 학교생활과 봉사활동에도 적극적으로 임한다면 자기소개서에 쓸 글감이 더욱 풍부해지겠지요. 이것이 국제중/자율중의 준비입니다.

Q. 학교 지원 시 생활기록부와 자기소개서가 중요한가요?

A. 초등학생의 생활기록부에는 성적이나 자율적인 활동들이 기재되어 있지 않기 때문에 평가 항목이 아닙니다. 자기소개서 역시 학생의 이야기를 조금 더 자세하게 듣고, 면접 질문을 하기 위한 자료로써 활용됩니다. 학교에서도 평가 항목은 면접이며, 면접 중에서도 청심국제중은 자기주도학습 영역과 인성 영역을 나누어 평가하고 화산중은 자기주도학습 능력과 인성, 그리고 창의성을 추가로 평가합니다.

Q. 자기소개서를 작성할 때 일기 형식의 반말과 존대어 중 어떤 식으로 써야 하나요?

A. 둘 다 상관없습니다. 학생의 특징과 개성이 담긴 자기소개서가 좋습니다. 글자 수를 고려하거나 학생의 성격이 드러나는 부분 등을 고려해서 작성하면 됩니다.

Q. 면접 예상문제는 어떻게 준비해야 할까요?

A. 면접 질문은 대부분 학생의 자기소개서에서 출제됩니다. 학생의 자기소개서를 면밀히 숙지하고 파악하여 예상문제를 직접 만들어 보면 좋습니다. 그 질문에 대한 답변을 작성하고 말하는 방법을 통해 면접 준비를 탄탄하게 준비해 나갈 수 있습니다.

Q. 전편입학이 궁금합니다.

A. 청심국제중은 전편입학이 2월과 8월에 학교 TO에 따라서 공고가 올라옵니다. 전형 또한 신입학과 같은 1차 추첨 → 자기소개서/면접으로 진행됩니다. 화산중학교는 전편입학을 실시하지 않습니다.

2. 국제중(청심중)

Q. 국제중은 영어 평가 및 영어로 대답해야 하는 질문은 안 나오나요?

A. 네. 없습니다. 영어 지필평가 및 구술 평가도 없습니다. 국제중은 영어로 듣고, 말하고, 이해할 수 있는 언어 능력을 지녀야 하며, 이것을 증명하기 위한 서류 및 평가는 없습니다.

Q. 그렇다면, 영어를 못해도 국제중에 지원할 수 있나요?

A. 영어 실력에 대한 평가 기준이 없기 때문에 이 부분은 매우 주관적인 부분입니다. 영어에 대한 소통이 어렵다면 수업이나 학교생활에 적응하는 데 어려움이 있을 수 있습니다. 다만, 긍정적인 부분은 학생들은 언어적 환경에 노출이 되면 언어를 배우고 습득하는 적응력과 학습력이 빠르기 때문에 영어를 좋아하고 흥미로워하는 친구라면 잘 적응할 수 있으리라 생각합니다.

Q. 글자 수는 1,500자 이내인데 몇 자 정도 채워야 할까요?

A. 1,500자 이내이기 때문에 꼭 1,500자를 채우지 않아도 됩니다. 그보다 중요한 것은 자기소개서 안의 밀도 있는 내용이며, 짜임과 구성이 튼튼하다면 1,200자 이상 채우면 무난할 것이라고 생각합니다.

Q. 청심국제중 외에 다른 국제중은 입학 전형이 어떻게 되나요?

A. 대표적으로 영훈국제중과 대원국제중, 부산국제중이 있습니다. 영훈국제중과 대원국제중은 서울특별시에 거주하는, 서울특별시 초등학교 졸업 예정자여야 하며, 부산국제중은 부산광역시에 거주하는 부산 지역 내 초등학교 졸업 예정자여야 합니다. 또한 이 학교는 100% 전산 추첨을 통해 선발하기 때문에 청심국제중, 화산중과 같이 자기소개서와 면접의 입학시험은 없습니다.

3. 자율중(화산중)

Q. 자기소개서를 자필로 써야 하는데 글씨가 안 예뻐도 괜찮을까요? (남자아이라서 악필입니다.)

A. 화산중학교에서는 자기소개서 문항이 4개 항목이고 자필로 학생이 직접 써서 제출해야 합니다. 이렇게 자필로 직접 쓰게 하는 이유는 학생이 직접 작성하는 것은 물론이고, 학교에 입학하고자 하는 열의를 글씨와 노력을 통해 엿볼 수 있기 때문입니다. 부모님께서 서류 준비와 지원을 도와주시지만 결국 학생 자신의 의지와 정성을 보고자 하는 것이기에 최대한 바른 글씨로 작성하는 것이 좋습니다.

Q. 화산중학교 같은 경우에는 수학을 잘하는 학생이 많이 간다고 하는데, 수학 선행은 어디까지 해야 하나요?

A. 화산중을 준비하는 학부모님께서 가장 많이 하는 질문인데, 이 질문의 답은 결국 '학생에 따라 다르다'는 것입니다. 수학적 학습 능력이 뛰어나서 심화 과정을 스스로 풀어내는 학생이 있는가 하면 튼튼한 현행 학습으로 차근히 공부하는 학생도 있습니다. 다만, 주도적 학습이 아닌 과도한 몰입형 사교육의 수학 선행은 의미가 없다고 생각합니다.